基于证据的新课程教学改进丛书

丛书主编　刘　坚　姬文广

指向读写素养的
初中英语教学改进

罗少茜　曾　玲　主编

新课程

北京师范大学出版集团
BEIJING NORMAL UNIVERSITY PUBLISHING GROUP
北京师范大学出版社

图书在版编目(CIP)数据

指向读写素养的初中英语教学改进/罗少茜，曾玲
主编. -- 北京：北京师范大学出版社，2025.5.
（基于证据的新课程教学改进丛书）. -- ISBN 978-7-303-
30316-8

Ⅰ. G633.412
中国国家版本馆 CIP 数据核字第 2024SZ0725 号

出版发行：北京师范大学出版社 https://www.bnupg.com
　　　　　北京市西城区新街口外大街 12-3 号
　　　　　邮政编码：100088
印　　刷：北京同文印刷有限责任公司
经　　销：全国新华书店
开　　本：710 mm×1000 mm　1/16
印　　张：13.75
字　　数：200 千字
版　　次：2025 年 5 月第 1 版
印　　次：2025 年 5 月第 1 次印刷
定　　价：50.00 元

策划编辑：邓丽平　马文婷　　　　责任编辑：马文婷
美术编辑：胡美慧　王　蕊　　　　装帧设计：李尘工作室
责任校对：段立超　陈　民　　　　责任印制：孙文凯

循证改进教学　发展核心素养

（代序）

　　教育乃国家发展、民族复兴的基石。在世界格局复杂多变的 21 世纪，如何通过发展高质量教育，提升青少年的综合素质及解决实际问题的能力，从而提升整个国家的国际竞争力，是教育工作者需要不断思考的问题。教学改进是提高教育质量的有效途径之一，教师是教学改进和教育改革的关键力量。"基于证据的新课程教学改进"丛书，在顺应发展学生核心素养的新课程改革趋势的同时，借鉴国内外改进科学研究的经验，以提升教师教研水平、提高教师教学实践能力为抓手，通过数据驱动促进区域教育高质量发展，激发学生学习兴趣，发展学生高阶能力。

　　我们开展的教学改进，缘起于郑州市义务教育质量健康体检项目，依托于郑州市义务教育质量提升项目。自 2012 年以来，北京师范大学区域教育质量健康体检项目团队用持续 8 年的时间，在郑州市共实施了 7 次全域范围的大规模教育质量监测与数据分析反馈活动。数据全面、直观地反映出不同学校或地区、不同年份义务教育质量发展图谱，构建了迄今为止全国范围内历时最长、规模最大的区域教育综合质量数据库。郑州市义务教育质量提升项目作为"郑州市义务教育质量健康体检"项目的延续和深化，充分整合和利用项目体检数据，将教育评价过程中发现的重大问题、普遍规律与郑州市中小学教育实践相结合，服务于郑州市义务教育质量提升。郑州市义务教育质量提升项目于 2020 年启动，共涉及 9个学科，分别依托郑州市的 5 个城区、20 多所中小学样本学校、300 多名骨干教师，开展了持续 2 年的探索与实践。项目组织以高校教授为首席专家的小学语文、小学数学、小学科学、初中语文、初中数学、初中英语、初中科学、初中历史、初中道德与法治 9 大学科团队，协同郑州市教育局及教研室、学科所依托的区教育局和教研室、教研员和广大骨干教师，开启区域教学改进之路。

本套丛书的编写，既关注国家义务教育新一轮课程标准关于发展学生核心素养的改革需求，也注重将教学改进过程中的理论与实际相结合，更注重基于证据的精准教育引领。丛书的编写遵循以下四个理念。

（1）关注发展学生核心素养，有助于落实国家义务教育课程标准（2022 年版）精神。第一，各学科均基于连续多年的区域义务教育质量监测数据，挖掘数据中隐含的规律，选择与学生核心素养发展密切相关的教学改进主题，关注学生的高阶能力与综合素质发展。第二，各学科通过呈现内容丰富、形式多样的教学改进课程设计，启发读者深刻理解新课程理念如何在实际教学中体现与运用，如何基于学生的成长和发展设计与改进教学，从而有效推动新课程标准在日常课堂落地落实。

（2）教育理论与教学实践有机融合，呈现真实发生的教学改进故事。第一，各学科通过呈现教学案例如何随着教学改进的深入不断迭代的过程，通过分析教学案例带来的有关教育理念与课堂教学的深刻启发等，达成了教育理论与教学实践相融合的目标。第二，通过关注教学改进过程中教研共同体的建设及教师的个案研究，呈现学员教师如何通过课堂展示、观点分享、交流研讨将所学的教育理论运用到实际的课堂教学中，充分体现了教学改进促进学员教师自我成长、促进学生主动学习，有效推动了教学改进真实发生。

（3）注重定量与质性数据相结合，基于证据开展教学改进。从数据驱动下的教学改进主题选择、数据驱动下的样本学校选择、数据驱动下的改进课程效果追踪、数据驱动下的课程效果呈现四个方面，全方位、多视角地展示如何运用定量与质性多种数据开展基于证据的教学改进。第一，在数据驱动下的教学改进主题选择方面，各学科均结合郑州市连续多年的义务教育质量监测数据，分析学生能力表现及学习中较为普遍的问题，挖掘数据背后的教育教学规律，继而选择与确定教学改进主题。第二，在数据驱动下的样本学校选择方面，各学科结合参测学校在教学改进主题对应维度上的能力表现水平，重点关注普通学校、普通教师和普通学生的成长，促进教育公平发展。第三，在数据驱动下的改进课程效果追踪方面，通过教学改进过程中的访谈与问卷等多种调研数据，实时了解学员教师的实际需求与课程效果，及时调整教学改进活动规划。第四，在数据驱动下的课程效果呈现方面，通过课堂观察、访谈、问卷调查、学业测试等多种方式，收集与分析定量数据或质性数据，充分揭示数据背后的变化规律，全面呈现教师教学与学生学习的变化。

（4）教学改进成果可复制、可推广，具有面向全国的辐射力与影响力。第一，教学改进成果中的教学案例具有典型性与代表性，反映了许多学科教师在一线教学时遇到的共性问题，对新一轮课程标准实施过程中全国范围内相关中小学各学科教师面临的教学设计能力提升、教研能力发展等问题具有重要的借鉴与启发作用。第二，教学改进的整体思路、工作机制与改进模型等内容，也是教学改进的一大成果。对于学科教育研究者了解当下最新教育研究课题及研究进展的学术发展需求有积极的启发价值；对于教师教育研究者、教育行政与管理人员开展教师研修工作具有积极的参考与启发价值。

由北京师范大学出版社出版的"基于证据的新课程教学改进"丛书，系统反映了上述四个理念。在上述理念指导下，丛书遵循教学改进基本规律，围绕教学改进设计、教学改进实践、教学改进效果三个方面阐述基于证据的新课程教学改进。在书稿中体现为上篇（教学改进设计）、中篇（教学改进实践）、下篇（教学改进效果）。各册书稿围绕本学科的改进主题呈现出一定的学科特色，上篇、中篇、下篇的标题虽不完全相同，但其本质均分别对应教学改进设计、教学改进实践、教学改进效果，具有总体逻辑架构的统一性。丛书包括 8 个学科分册，分别由各学科的首席专家及执行负责人，即语文学科的郑国民教授、吴欣歆教授，小学数学学科的张丹教授，小学科学学科的刘晟副教授，初中数学学科的綦春霞教授，初中英语学科的罗少茜教授，初中科学学科的张殷教授，初中历史学科的张汉林教授担任各分册主著，各分册的主要作者都是研究团队的核心成员。郑州市义务教育质量提升项目的研究与探索得到了郑州市教育局、郑州市教研室等区域协同合作单位，以及多所参加教学改进项目的学校的大力支持，在此一并表示感谢！感谢北京师范大学出版社对本套丛书出版的大力支持！

　　丛书所选取的素材主要来源于郑州市义务教育质量提升项目，丛书主体内容兼具学术性与实践性，面向广大一线教师及教研员、学科教育研究者、教师教育工作者，受众群体广泛。无论学生核心素养的发展还是基于证据的教学改进，研究与实践都才刚刚开始。路虽远，行则将至；事虽难，做则必成。在实现高质量教育的征途上，让我们携手同行！

刘坚

2024 年 9 月于北京师范大学

前　言

　　教育部 2022 年颁布了新修订的义务教育课程方案和课程标准（2022 年版）（以下简称"新课标"）。要让新课标的理念落地生根，教师是决定性因素，他们是新课标理念的落实者，亦是教育教学改革的关键力量。因此，教师实施教学改进、不断优化教学，从而使学习真正发生是当前义务教育高质量发展的关键。

　　北京师范大学中国基础教育质量监测协同创新中心"郑州市中小学教育质量健康体检与改进提升项目"通过整合和充分利用"体检"项目数据，将教育评价过程中发现的主要问题、重要经验和普遍规律与郑州市中小学教育实践相结合，旨在提升郑州市义务教育质量。

　　自 2012 年以来，郑州市共参加了 7 次义务教育质量监测活动，监测数据显示：英语学科教育存在一些问题，如学生学业水平两极分化、学校间差异明显、学生语言综合运用能力和英语学习兴趣有待提高等。鉴于此，英语学科教学改进项目组（以下简称"项目组"）提出相应的问题解决方法：以读写素养为主要抓手，在帮助郑州市英语教师了解基于核心素养的相应教学理念及方法的同时，培养学生的阅读习惯，提升学生的阅读思辨及英语写作能力。

　　在两年的英语学科教学改进过程中，项目组采取了讲座、工作坊培训，以及现场听课、评课等方式，开展了以持续默读、阅读圈、主题意义探究、思维品质培养、分级群文阅读、基于深度学习和产出导向法的中学英语读写教学、中学英语读写教学策略、教师发展内驱力等为主题的培训活动，带领教师进行教学改进。

英语学科教学改进项目的实施原则有以下五点。(1)兴趣优先原则,即教师依据兴趣报名参加改进项目。(2)点面结合辐射原则,即项目组第一学年实施阅读教学改进和第二学年实施读写结合教学改进,均采用"项目学校＋关键教师＋核心团队＋辐射引领"的模式。(3)创新性原则,即参与项目的教师需要根据本校的实际情况,创新性地解决问题。(4)自主性原则,即鼓励教师自主解决问题。(5)导向性原则,即项目组实施每轮改进活动都以核心素养为目标导向。项目组通过听评课、讲座及工作坊的途径达成目标,通过问卷调查、访谈、课堂观察、实物收集与分析来了解项目的实施效果。

本书分为上篇、中篇和下篇,分别阐述教学改进的设计、教学改进的实践过程、教学改进的效果。上篇介绍了教学改进项目的整体设计:具体方案基于郑州市英语学科义务教育质量监测数据、问卷调查和访谈结果,以及针对郑州市初中英语教学现状和英语教师需求的调研制订;确定主题和制订整体方案之后,项目组有目的地选择参与初中英语教学改进项目的学校、关键教师,旨在培养一批种子教师,打造典型示范课例,以达到教学改进项目深入实际、解决问题、优化教学、辐射引领的效果。中篇介绍了该教学改进项目中的七个主题:持续默读、阅读教学中的词汇教学、指向思维品质培养的教学、阅读圈教学、基于深度学习的读写结合教学、基于"教—学—评"一体化的读写结合教学、基于POA的读写结合教学,展示了从阅读教学到读写结合教学的改进思路,每一章都展示了教师实践情况,部分章节还展示了基于改进主题的课例研究过程。下篇介绍了教学改进项目的效果并分析了影响因素。

本书作者均为参与教学改进项目的核心成员,以观察者和参与者的角度对教学改进过程进行了生动、鲜活、完整的描述,呈现了该项目的真实面貌。罗少茜为项目的策划者和本书架构的建立者,撰写了第一章、第二章;曾玲为本书的统筹者,撰写了第六章、第十章,与李兴勇合写了第五章;李兴勇为项目的主要组织者,撰写了第三章、第七章;赵海永撰写了第四章;李秋爽撰写了第八章;赖曼珍撰写了第九章;韩权威撰写了第十一章。我们希望书中的阅读和读写结合教学相关的理论及课例能为教师践行新课标理念、实施读写教学提供实践参考;书中分析的教学改进影响因素能为学校、教研组及教师实施教学改进、确定改进主题、构建支持环境、探索教研方式与反思方法带来启示。

　　本书为 2020—2021 年北京师范大学中国基础教育质量监测协同创新中心"区域教育质量健康体检与改进提升项目——中学英语改进"(项目编号：20QYHX－A004)成果。

2024 年 1 月

目　录
CONTENTS

上 篇

指向读写素养的教学
改进设计

　　教学改进需要有的放矢，找准问题后再设计解决方案。因此，教学改进设计包含两方面内容：一是对改进区域存在的问题进行准确定位，并依据问题确定改进的抓手；二是从整体上设计方案，在实施中根据现状不断调整方案。上篇介绍了项目组如何通过分析多方数据来定位问题、如何选定以读写素养为抓手来实施教学改进，以及如何设计改进方案。

第一章　教学改进主题的确定

【本章提要】

教学改进主题的确定是实施改进的第一步，需要结合多方面证据找到影响英语学习的主要问题，选择有效的方法来解决问题。为此，项目组对郑州市义务教育质量监测数据进行了深入分析，发现学生英语学习的问题主要表现为写作能力和语言综合运用能力有待提升。通过分析和论证，项目组认为培养读写素养能有效提高学生的英语语言综合运用能力，且对解决学生学业水平两极分化和教育不均衡问题都有帮助。同时，项目组对参与改进的样本学校教师的课堂教学进行了细致观察，访谈了相关教师和学生，从而进一步聚焦了读写教学中的问题和教学改进的方法。

确定读写素养教学改进主题主要基于两方面的证据：一是连续多年的教育质量监测数据，二是项目组对样本学校教师课堂教学的观察和师生访谈结果。

一、来自教育质量监测的证据

郑州市参加教育质量监测的数据表明：学生的英语写作能力和语言综合运用能力较弱，学业水平两极分化，英语教育质量不均衡现象比较明显。下文呈现教育质量监测中数据分析的结果，并阐明以读写素养为抓手实施教学改进的理据。

(一)学生英语写作能力和语言综合运用能力较弱

数据分析表明，学生在听力和阅读方面的表现较好，从表1-1可以看出，听力平均达优率和达标率最高，其次为阅读能力。相对而言，学生在写作能力和语言综合运用能力维度的表现较弱，写作能力平均达标率最低，语言综合运用能力平均达优率最低。写作和语言综合运用体现的是学生语言表达能力的问题，因此，教师需要更多关注学生使用英语进行表达的能力。

表 1-1　英语学科监测数据分析

	听力	阅读能力	写作能力	语言综合运用能力
达优率	35%	32%	27%	24%
达标率	89%	83%	76%	79%

语言理解和表达能力是语言能力不可缺少的两个部分。《义务教育英语课程标准(2022年版)》(以下简称《义教课标》)中对语言能力的定义包括了"语言理解和表达能力"[①]。同时,《义教课标》对于这两方面分别作出了要求,并且强调二者之间不可分割的关联性。学习英语,本质上就是学会理解他人所说、所写,并会用英语表达自己的想法,从而进行沟通与交流。

相应地,目前各种语言测试也越来越注重输入和输出两种能力的综合运用。例如,2024年北京中考英语考试中的听说测试包括听后回答、听后转述等,阅读部分有读后回答问题,写作部分需要进行文段表达,重点考查学生综合运用英语的能力,而非词汇量、语法规则等记忆性知识或单向技能。

为培养语言综合运用能力,教师需要为学生创设语言使用的情境,鼓励学生使用英语完成任务,并在完成任务过程中体会和感知语言、接受语言输入,实现任务目标,获得语言产出结果。[②] 在初中英语教学中,阅读是语言输入的主要来源,阅读课是培养学生语言综合运用能力的理想载体。阅读课具有很强的综合性:学生经常在阅读前通过视听输入和口头互动激发阅读期待、激活背景知识;在阅读中获取信息、形成理解,在小组中交流表达,完成交际任务;在阅读后通过写作来记录交流成果,展示阅读学习所得,迁移应用语言知识和信息。除了课上的仔细阅读,学生还需要进行大量自主阅读。阅读输入的积极效果已得到大量研究的支持:纳托尔(Nuttall)认为"提高外语能力的最好方法是与外国人一起生

---

① 中华人民共和国教育部. 义务教育英语课程标准：2022年版[S]. 北京：北京师范大学出版社，2022.

② RICHARDS J C. Communicative language teaching today[M]. Cambridge：Cambridge University Press，2006.

活，其次就是大量阅读外语"①；阅读输入还能帮助学生丰富百科知识、强化文化意识、培养积极的阅读态度②，促使学生在愉悦的氛围中学习英语。③

写作是语言技能中最难掌握的一项，在监测数据中学生写作的达标率最低，写作也是初中英语教学中经常忽略的内容。学生写作能力不强的问题可以通过读写结合教学来解决，将写作和阅读结合起来教学，不仅能为学生提供应用和实践语言的机会，还能提高语言教学的效率。学生读后完成写作任务，能够保留住阅读中获得的 70% 的信息④，读写平衡的教学还能带来两项技能的同时增长。⑤ 在阅读教学改进的基础上进行读写结合教学改进，是提高学生语言综合运用能力的理想途径，有利于语言理解和产出的协同发展。

因此，基于学生语言综合运用能力较弱的现状，以读写素养为主题的教学改进就是以阅读教学改进为起点，着重培养学生的语言综合运用能力和学习兴趣，在此基础上推进读写结合教学改进，提高教师基于阅读进行写作教学的能力，从而改善学生写作能力这一短板。

(二)学业水平两极分化

在参与监测项目的年度中，郑州市达优的学生和未达标的学生分别占学生群体总数的 20% 左右。这表明，部分学生可能已经达到了《义教课标》中提出的五级要求，但也有同样比例的学生没有达到四级要求。⑥ 另外，大部分班级英语成

---

① NUTTALL C. Teaching reading skills in a foreign language[M]. New ed. Shanghai: Shanghai Foreign Language Education Press，2002.

② NAKANISHI T. A meta-analysis of extensive reading research[J]. TESOL quarterly，2015，49(1)：6-37.

③ DAY R R，BAMFORD J. Extensive reading in the second language classroom[M]. Cambridge：Cambridge University Press，1998：26.

④ DANIELS H，ZEMELMAN S，STEINEKE N. Content-area writing：every teacher's guide[M]. Portsmouth，NH：Heinemann，2007.

⑤ GRAHAM S，LIU X H，AITKEN A，et al. Effectiveness of literacy programs balancing reading and writing instruction：a meta-analysis[J]. Reading research quarterly，2018，53(3)：279-304.

⑥ 此处的《义教课标》指《义务教育英语课程标准(2011 年版)》，2022 年之前教育质量监测都依据《义务教育英语课程标准(2011 年版)》命题。

绩分布会出现两个峰值，一个峰值接近满分，另一个峰值在 20 分左右。也就是说，当教师针对中等学习水平的学生教学时，部分学生可能觉得太简单，还有部分学生可能完全听不懂。

导致这一问题的原因分为两方面：一方面是学生基础不均衡，而学习是循序渐进的过程，对新内容的学习是建立在先前掌握水平基础之上的；另一方面可能是在课上积极表现的一般是已经基本掌握学习内容的学生，有待进步的学生并没有把自己不会的信息传递给教师，从而产生学不懂、学不会的情况。

要解决学业水平两极分化问题，教师需要在课堂教学中充分了解不同学习水平学生的课堂学习情况，尤其是有待进步的学生的理解程度，并采取相应的措施。教师在课堂教学中兼顾课程总体要求和大多数学生学习进度的基础上，应尽可能设计一些符合有待进步的学生的课程内容，使其也能有所学。以读写素养为主题的教学改进可以从三方面解决学业水平两极分化的问题。首先，鼓励学生广泛阅读。广泛阅读的主要原则包括提供有趣的阅读材料和学生自主选择阅读材料，也就是说，不同学习水平的学生都能选择适合自己兴趣和水平的阅读材料进行学习，实现学有所得。其次，在阅读课中，教师可采取灵活的阅读教学方式，如阅读圈①教学——不同学习水平的学生组成阅读小组合作学习，各自承担不同的阅读任务。教师可以让英语学习水平高、中等的学生负责总结文本大意、提取主题意义，有待进步的学生可负责生词或短语，高、中等学习水平的学生可以帮助有待进步的学生，共同完成阅读圈任务。最后，可在读写结合教学的写作阶段引导学习水平较高的学生侧重关注内容的提升，有待进步的学生侧重关注语言组织和表达。通过为学生提供符合自己兴趣和水平的阅读材料与分层实施的教学方式，尽量让所有的学生都能有效参与学习，并在自身基础上有所收获和提高。

(三)英语教育发展不均衡

郑州市英语教育存在一定的城乡、区域、学校发展不均衡的现象。农村户口

---

①　阅读圈是一种分角色阅读、记录、交流的学习方式，兼顾阅读和写作，具体内容见第六章。

学生的成绩低于城镇户口学生 0.32 个标准差①；六县市区户口学生的成绩低于其他地区 0.38 个标准差，市直区域与高新区学生的达优率与达标率远高出其他区域；学校之间的英语均衡指数为 43，属于教育不均衡的范畴。

教育不均衡容易引发择校问题。乡镇学校与市区学校差距大，容易出现学生远离所在乡镇去城里上学的情况，从而导致市区学校学生数量逐渐增加，乡镇学校学生数量逐渐减少。例如，在校平均成绩位于全市前 25% 的学校中，有 7 所学校平均班额超过 60 人，9 所学校平均班额超过 50 人。班额过大不仅给教师教学带来很大压力，也不利于学生学业的健康发展。解决教育不均衡问题一般从教育规划层面入手，如：推动名校教师校际流动，帮助各个学校提升教学质量；通过网络教学、信息化手段等，将优质的教育资源向乡村学校倾斜，帮扶乡村学校学生提升英语学业质量。

提高英语教学水平固然需要良好的师资和优质的教育资源，但阅读也可以成为有效的途径。在外语教学实践中，40 多年前就有研究者尝试在农村学校这样师资相对落后和资源匮乏的地方进行大规模泛读实验，通过增加阅读输入来提升农村学生英语学业成就。埃利（Elley）和曼古布海（Mangubhai）在南太平洋岛国斐济的农村小学实施了"书潮"运动②，这可能是泛读研究中规模最大的、最为人所知的研究。该研究涉及 12 所小学，历时 2 年，对泛读的影响进行了全方位的探讨。研究者先选取了 12 所农村小学 24 个班级参与实验，根据前测分数确定学生水平，再将学生随机分为三组：分享阅读组、默读组和控制组。分享阅读组和默读组都阅读有趣的绘本故事书，给他们提供的绘本数量为 250 本。分享阅读组的教师需要接受为期 3 天的工作坊培训；默读组教师虽然不需要经过培训，但是研究者需为该组教师介绍默读需要注意的事项并与教师讨论这些事项；控制组教师需要进行为期 1 天的传统教学法回顾，目的是抵消实验因素可能带来的刺激和

---

① 依据义务教育质量监测结果，0.32 个标准差约为 1 个学期的差异。

② ELLEY W B, MANGUBHAI F. The impact of reading on second language learning[J]. Reading research quarterly, 1983, 19(1)：53-67.

影响。

　　分享阅读组教师采用分享阅读法进行教学，教师需要选择一本趣味性较高的书，且该书的语言和插图都适合学生的水平。第一次分享阅读时，教师一边介绍图书，一边和学生讨论书中的插图、内容或新词汇，然后教师为学生朗读整本书或书的一部分。为了保证所有学生都能看清文字和插图，教师经常会将书"放大"。在第二次和第三次分享阅读时，教师会鼓励学生阅读书里比较简单的部分，并鼓励学生对书的内容进行讨论，讨论重点放在对内容的预测和确认上，保证学生一直在努力理解内容。这种阅读方法的目的是使学生在最小压力条件下掌握书中的语言。阅读后续活动包括角色表演、词汇学习、美术作品创作、写作活动等，这些活动都是围绕书的内容来设计，而不是依据事先确定的结构大纲来设计。

　　默读组教师没有接受培训，但是研究者建议教师以有吸引力的方式介绍书籍，经常朗读，并让学生每天花 20～30 分钟持续默读自己选择的书。持续默读法的原则由麦克拉肯（McCracken）提出，该方法认为儿童学习阅读最好的方法就是尽可能多地阅读。[①] 教师每天留出一个固定的时间让学生阅读，在此期间教师也要同时阅读，为学生树立榜样。学生不需要交报告，也不需要完成书写练习，而是完全为了乐趣而阅读。

　　控制组教师按照听说法进行教学。学生每天有两节 15 分钟的口语课时间，教师系统地教授新语法结构，并让学生进行重复、变换和替换练习。阅读是通过分级进行教授的，四年级和五年级学生使用的阅读材料都分好了级别，教学活动主要是强化口语课中学到的语法结构和词汇。

　　实验开展 2 年后，"书潮"组（分享阅读组和默读组）在所有英语能力测试上的表现都显著高于控制组，但是分享阅读组和默读组无显著差异。研究者还分析了研究对象在六年级参加斐济中级考试的成绩，发现"书潮"组在所有科目上的表现

---

① 　MCCRACKEN R A. Initiating sustained silent reading[J]. Journal of reading，1971，14(8)：521-524，582-583.

都领先于斐济典型的农村小学，部分科目表现甚至优于城市小学，优势最明显的项目是英语、科学和社会，且这种优势还扩展到了数学和斐济语测试中。

该实验的结果对于社会经济地位处于相对劣势地区的学校有很强的参考价值，如本项目中的郑州市农村和乡镇中学。另外，通过对 2021 年区域教育质量监测①数据的分析发现，课外兴趣阅读时间对于处境不利的初中生取得超越其家庭背景的英语学业成就有显著意义，只要学生在课外开展英语兴趣阅读，其取得优异学业表现的可能性就会显著高于不阅读的学生。同时还应看到，教师不需要经过特别的教学法培训即可开展广泛阅读计划，也就是说，泛读对师资条件并不敏感，这对于师资力量相对较弱的学校来说也是较好的方式。但是，教师必须具备泛读教学意识，相信阅读的力量，且学校和教师需要为学生提供充足、合适的英语书籍和阅读时间。

二、来自课堂观察和访谈的证据

初步确定读写素养教学改进主题后，项目组还对改进项目样本学校教师的课堂进行了观察和分析，目的是进一步聚焦问题并加以改进。实际上，教学改进虽然以读写素养为主题，但每一次教学改进的子主题并不完全固定。第一学年改进集中在阅读教学方面，项目组预先提出了持续默读、阅读圈、分级群文阅读、思维品质培养等改进措施，而在实施过程中依据"发现问题并及时解决问题"的思路选择改进措施，确定顺序，灵活调整每一次活动的主题，使改进方案能更加贴近教师教学的实际。下文展示的是一位关键教师②的初次阅读课堂教学实录，该教师为本科学历，一直在初中一线教学，教龄 20 年。对录课视频进行文字转写后，教师的主要教学环节和活动如表 1-2 所示。本节课是关于 resolution（愿望）的讨论，课前教师对上次课的内容进行了回顾，因此本节课从引入阶段开始记录。

---

① 2021 年区域教育质量监测中，初中英语的研究专题为"英语阅读投入对处境不利初中生学业表现的影响"。

② 关键教师指在样本学校中选择的代表教师。以关键教师为典型展示教学改进的过程，关键教师负责向学校其他教师推广经验，让更多的教师深入了解教学改进的内涵与操作方法。

表 1-2　阅读观摩课教学实录

阶段	时间	活动
引入阶段	3 分 38 秒	What do you want to be when you grow up? How are you going to do that? （问学生的愿望是什么）
	5 分 24 秒	Let's guess what their resolutions are. （看图片，猜测愿望）
	9 分 06 秒	Did you make any resolutions last year? Were you able to keep them? （继续询问学生）
读前阶段	13 分 02 秒	Now read quickly，and tell me what the passage is about.
读中阶段	15 分 06 秒	Please finish Exercise 2b. There are some sentences. Look in the article，and put the sentences in the right place. （学生完成句子还原练习，教师观察学生完成练习情况）
	17 分 20 秒	I have found many answers. Have you finished? Ok，work in pairs and check your answers.
	18 分 20 秒	Ok，pay attention to the key word，in front of and after that…
	20 分 31 秒	Do you need more time? Let's look at Paragraph 1. Who can tell us your answers and why you choose them? You can speak in Chinese. Do you understand? （讲解练习）
	27 分 20 秒	Ok，we have put the sentences in the right place. Now find the main idea for each paragraph. （继续完成练习）
	28 分 10 秒	How to find the main idea? It is at the beginning or the ending. Finish it quickly please. （确认学生知道选项意思）Ok，which one… （核对答案）
	30 分 27 秒	Read the paragraph one by one. I hope you can finish the exercise in the paper quickly.
	33 分 54 秒	What is a resolution? Read the sentence. Can you find another sentence? Who can combine the sentences into one? A resolution is a promise you make to yourself. （板书此句）When do people make resolutions? Why do people make resolutions? Can you read the sentence out?
	38 分	Read Paragraph 2. I think this paragraph is very easy. （教师走动，检测练习答案）
	39 分 31 秒	What resolutions are mentioned? （学生完成多选题）What is self improvement? What are you going to do? Like what?

续表

阶段	时间	活动
	42 分 12 秒	Ok, finish exercise in Part 3 quickly please. What do most resolutions have in common? 我们时间有限，请把答案在教材中标注出来。 One thing in common: people hardly ever keep resolution. Reason—the resolution may be too difficult to keep Solution—the best solution is having no resolutions Who can say it another way? What sentence is it? 这是一个什么句子？这里我们是不是可以用表语从句来表达，是不是这样的？
	45 分 52 秒	Why do most people think resolutions are too difficult to keep?
读后阶段	46 分 55 秒	Sometimes we think resolutions are too difficult to keep, why? Because maybe it is too big. So what can we do to make it come true?
	47 分 33 秒	Look at this one, do you agree with it? Why or why not? The best resolution is to have no resolutions? Do you agree? Who can tell us your ideas? If you find it's difficult to say in English, you can say it in Chinese.
	50 分 45 秒	I think it's necessary to have a resolution. Why? Because no pains, no gains. Maybe resolutions can give us some pressure, but in another time, they can guide us to do what we should do. Yes? Ok, this time we talk about resolutions, what resolutions are, and different kinds of resolutions. Please finish the exercise. What is the writer's attitude? What is the type of the passage? （完成选择练习）

从课堂实录来看，该教师基本能全程使用英语，与学生互动频繁。但是这节常规课也有一些突出的问题，需要在教学改进中着重解决。

首先，教师过于关注阅读技能的训练。教师使用大量阅读练习题来组织教学，如选择题和问答题。当教师只关注阅读技能的培养时，学生对文本的理解只会停留在浅层的词句，而缺少归纳、总结、分析、判断、评价等思考过程。另外，考试中常见的阅读理解题只能用来测试学生的阅读理解能力，并不能全面培养阅读能力。长此以往，学生会形成"阅读等同于阅读后完成练习"的错误看法。

而依据 PISA 2018 对阅读素养的定义，阅读素养指为了实现个人目标、增进知识、发掘潜能与有效参与社会生活，而对文本进行理解、运用、评估、反思的能力。[①] 阅读教学不应仅关注表面的理解，还应通过阅读来发展知识、培养思维能力，使阅读能为学生的终身发展服务，这些目标仅靠完成阅读练习是无法达成的。

其次，学生缺少真正使用语言的机会。分析发现，课堂互动全部由教师主导：教师问，学生答；教师不问，学生就没有机会说。并且，提问多为教师已经知道答案的展示性问题。唯一的小组活动发生在 17 分 20 秒，活动持续了约 3 分钟，活动形式为学生完成还原句子练习后交流答案，且允许使用中文。阅读课应帮助学生掌握阅读技能和策略，从文字中获得意义，主要活动应该是学生通过阅读获取信息，进行思考，交流所得，巩固所学。阅读学习的主动权必须交给学生，学生建立明确的阅读目的，监控自己的阅读过程，并为阅读结果负责。在教师主导的阅读课堂中，仅有少数学生能获得使用语言的机会，多数学生缺少教师的关注，这会加剧学生学业水平两极分化问题。然而，在合理设计的小组活动中，学生或独立完成任务、交流任务完成情况，或合作解决问题、贡献智慧和力量，在认知和情感上充分投入，练习使用语言，发展语言能力。

最后，教师缺少对学习过程的监控。虽然教师检查了练习完成情况，但是选项或排序的正确与否只能说明学生阅读的结果，不能说明其阅读的过程。例如，学生如何判断作者的态度？如何获取文章大意？如何识别文章的结构？如何判断重点的语言表达？教师需要设计具体环节，以此来收集学习证据，了解多少学生达到了学习目标，多少学生在完成这些目标时有问题，在哪些环节出现问题。这就要求教师对学生的学习成果有准确合理的设计，对学习成果的表现形式有明确的界定，对达成目标的学习活动有清晰的设置。一种常用的方式就是设计学习单，学生基于学习单来学习和交流，教师通过学习单了解学生的学习程度。

项目组观察到的阅读教学中的共性问题还包括：教师对语篇的主题把握不

---

① OECD. PISA 2018 assessment and analytical framework[M]. Paris：OECD Publishing，2019.

准，缺少串联教学活动的意义主线；教师在阅读理解教学时忽视语言教学；教师缺少写作教学意识，通常只在阅读教学结束后留一个写作任务，简单指出写作中可以使用阅读课上学习的某些结构和表达，导致阅读和写作教学完全脱节。

为了解英语读写教学的真实情况，除课堂观察外，项目组还对学生代表和教师进行了访谈。访谈结果反映了学生和教师面临的问题。学生的主要问题和困惑：英语阅读数量不够、时间不足、资源有限，与同学进行阅读分享的机会不多；阅读课上，教师讲授较多但学生思考较少，教师多以讲授词汇和语法为主；写作课时很少，教师通常要求学生背诵和记忆范文，但学生不知道怎么写作文。教师的主要问题和困惑：课堂时间紧，给学生的阅读时间不够，学生阅读能力提升空间有限，虽提倡课外阅读但害怕失控；对阅读教学的开展靠自己摸索，不知道具体可操作的科学方法，例如如何用发散的形式展示阅读效果、如何在有限的时间内完成更多的教学任务；缺少写作教学知识，课时紧张时没有时间进行写作教学等。学生和教师的访谈数据说明了提升整体阅读和写作教学质量的必要性、紧迫性和重要性，项目组也认识到开展教学改进的任务艰巨。

教育质量监测数据和学校实地考察结果从不同方面指出初中英语教学中迫切需要改进的问题，决定了教学改进方案的主题和改进途径：以读写素养为抓手，以提高学生语言综合运用能力为主要目标，从转变教师教学观念入手，通过理论学习、工作坊和课例研究等方式使教师掌握阅读教学设计的方法，开展有效的读写活动，从而提高教学质量。

【本章小结】

通过数据分析和学校实地观察与访谈，项目组确定了先提升教师阅读教学能力，再提高读写教学能力，从而提高学生语言综合运用能力这一总体改进思路。接下来，需要明确具体的改进目标，并设计与诊断问题相匹配的改进方案。

第二章　教学改进的整体设计

【本章提要】

　　教学改进依据《义教课标》进行整体设计，充分体现了《义教课标》的课程理念、目标和方法。将读写素养置于核心素养框架中，确定了具体的教学改进目标，主要通过关键教师的教学观念和行为的改变来评价改进目标的达成度。项目组还充分考虑郑州市教研室、样本学校、教师和学生的需求，尽量使教学改进措施与校本教研相融合，不额外增加样本学校和教师的负担。在整体设计下，具体改进措施依据教师和学生对改进的反应进行调整，体现灵活性。

一、教学改进目标

　　本次教学改进的目标主要依据《义教课标》制订。在课程理念方面，《义教课标》指出"英语课程以习近平新时代中国特色社会主义思想为指导，全面贯彻党的教育方针，落实立德树人根本任务，以培养有理想、有本领、有担当的时代新人为出发点和落脚点。围绕核心素养确定课程目标，选择课程内容，创新教学方式，改进考试评价，指导教材建设，开展教师培训"①。

　　在课程目标方面，《义教课标》指出"核心素养是课程育人价值的集中体现，是学生通过课程学习逐步形成的适应个人终身发展和社会发展需要的正确价值观、必备品格和关键能力。英语课程要培养的学生核心素养包括语言能力、文化意识、思维品质和学习能力等方面。语言能力是核心素养的基础要素，文化意识体现核心素养的价值取向，思维品质反映核心素养的心智特征，学习能力是核心素养发展的关键要素。核心素养的四个方面互相渗透，融合互动，协同发展"②。

---

　　①②　中华人民共和国教育部. 义务教育英语课程标准：2022 年版[S]. 北京：北京师范大学出版社，2022.

上述关于英语课程理念和目标的表述确定了教学改进的核心素养导向，即以读写素养为抓手，促进学生语言能力、文化意识、思维品质和学习能力的协同发展，最终目标是立德树人。在教学建议方面，《义教课标》提出要"秉持英语学习活动观组织和实施教学"，学生是语言学习活动的主体，教师的任务是引导学生通过完成学习理解、应用实践和迁移创新活动培养核心素养。在本项目中，依据《义教课标》实施教学改进，就是要将核心素养目标落实在读写教学改进中，通过教师的教学行为改进来促进学生核心素养达成。据此，体现在教师认知和行为上的改进目标为以下几个方面。

• 丰富阅读教学方法，加深对阅读策略的认识，依据语篇内容选择阅读策略教学的内容，并设计相应活动，了解阅读教学中语言知识教学的有效方式；理解阅读和写作的关联，了解写作体裁和写作过程，引导学生通过写作任务实现对形式、意义和语言的迁移创新运用。

• 掌握教学语篇分析方法，挖掘语篇意义，引导学生探究并生成主题意义；识别中外文化表现，通过有效的学习活动使学生了解不同国家的优秀文明成果，比较中外文化异同，加深对中华文化的理解和认同。

• 明确思维品质的内涵，了解思维品质在阅读中的表现，紧扣阅读语篇设计针对不同层次思维品质的语言学习活动；识别写作中思维品质的表现，从思维品质出发指导学生的读后写作。

• 引导学生养成良好的阅读习惯，保持阅读兴趣，在阅读课堂中培养学生的自主阅读、合作学习、有效阅读等能力；在写作教学中培养学生的交流、协作、同伴学习能力。

另外，鉴于评价对于促进学习的重要性，《义教课标》提出要"注重'教—学—评'一体化设计""坚持以评促学、以评促教，将评价贯穿英语课程教与学的全过程。注重发挥学生的主观能动性，引导学生成为各类评价活动的设计者、参与者和合作者，自觉运用评价结果改进学习。注重引导教师科学运用评价手段与结果，针对学生学习表现及时提供反馈与帮助，反思教学行为和效果，教学相长。坚持形成性评价与终结性评价相结合，逐步建立主体多元、方式多样、素养导向的英语课程评价体系"①。因此，在教学改进后，教师还应该能够：

• 根据教学语篇分析，结合《义教课标》中的核心素养目标，设定明确的、可达成的、可检测的学习目标，设计相应的教学活动，根据学生的活动表现判断目标达成的程度，引导学生开展评价活动，采取多种措施达成学习目标。

二、教学改进实施方式

教学改进通过讲座、工作坊、听评课、课例研究、深度访谈和收集反馈等方式来实施。

首先，项目组在每个月的活动中都会精心准备主题讲座。考虑到讲座对象均为初中英语教师，讲座尤其侧重 How 的问题，即通过丰富的课例来展示教学方法如何落地。同时，讲座语言简单、通俗、易懂，项目组成员还经常分享自己在教学中的感悟，拉近与教师的距离，使讲座内容更容易走进教师心里。

其次，项目组会在讲座之后开设工作坊。组织关键教师和项目固定参与教师进入工作坊进行教学方法的实操，项目组成员进行实时指导，并收集教师的教学设计进行讲评，目的是确保关键教师和项目固定参与教师掌握教学方法，并在自己学校分享和传播。

再次，开展听评课和课例研究。听评课是教学改进活动每月一次的常规实施方式。关键教师所在的英语教研组对展示课进行集体教研，并在样本学校进行展示，区域内所有初中英语教师均需听课。项目组在课后进行点评，分析展示课中教学方法落地的情况，并指出如何进一步改进。除了每月围绕常规展示课进行一次课例研究，关键教师每学期还要准备一次面向全市的展示课。项目组、教研组、教研员、关键教师共同对展示课反复打磨，保证展示课能充分体现改进主题，引领区域，甚至是全市的初中英语教学改进。

最后，进行深度访谈并收集反馈意见。项目组在每次活动时都会准备详细的

---

① 中华人民共和国教育部. 义务教育英语课程标准：2022 年版[S]. 北京：北京师范大学出版社，2022.

访谈提纲，了解教师和学生对改进措施的接受程度，以便及时调整。当教师在访谈中提出困惑时，项目组及时给出回应，解决教师问题。在与学生的访谈中，项目组一方面会核实教学改进是否确实在进行，另一方面会询问学生对教学改进的感受，并进行学习方法的指导。

从整体上看，教学改进采用的是问题导向的行动研究范式。项目组定位具体问题，通过讲座提供具体的问题解决方案；教师实践讲座知识来改进教学，解决问题；项目组收集问题解决的证据信息，根据实际情况，或继续原有改进主题，或引入新方法解决新出现的问题。

三、教学改进整体设计

教学改进分两年进行，以学年为单位进行整体设计。第一学年教学改进围绕阅读素养开展，第二学年在阅读素养培养基础上增加了读写结合教学，加强了英语教学的综合性，目的是进一步提高学生的语言综合运用能力。

教学改进项目重点聚焦以下几方面。首先是核心主题。项目聚焦读写素养，通过开展多元的读写活动提升学生的阅读兴趣、阅读过程中的思维深度和读后写作能力。其次是样本学校。项目重点关注教育质量处于中等水平的普通学校：第一学年确定的样本学校为郑州市第八十中学和第十九中学；第二学年为郑州市第七十三中学、第四十二中学、第十六中学和第六十四中学。再次是核心团队。项目采取点面结合的原则，以关键教师带领更多的教师群体。本项目选择的能持续参与改进的关键教师团队的人员为：郑州市第八十中学的李宁、张有景，第十九中学的肖茜、左文静，第七十三中学的张琼，第四十二中学的陈利春，第六十四中学的张李娜，第十六中学的刘锦。前4位教师为第一学年的关键教师，后4位教师为第二学年的关键教师。最后是成果的传播影响。项目组在改进区域进行学术讲座和讨论交流，让教师理解读写教学改进的理论依据和具体操作方法。同时，项目组在样本学校开展课例展评，让项目改进真实在课堂上体现，让区域教师能够看见改进成果，并能积极运用成果影响自身的教学改进。

（一）改进项目实施原则

本次初中英语教学改进项目在郑州市中原区进行，遵循兴趣优先、点面结合、创新性、自主性和导向性原则。

1. 兴趣优先原则

根据项目组和郑州市教育局统一部署，在中原区确定改进样本学校后，组织学校教师依据自己的兴趣自愿报名。项目负责人通过理论指导、案例展示、方法详解等方式，让参与项目的教师快速上手，掌握相应的教学方法。

2. 点面结合原则

样本学校先行，以点带面，以样本学校为主，辐射本区、本市其他学校。第一学年聚焦中原区 2 所学校，选取 4 位关键教师参加改进项目；第二学年聚焦中原区 4 所学校，选取 4 位固定关键教师和 6 位随机教师参加改进项目。以关键教师为典型展示教学改进的过程，关键教师负责向学校其他教师推广经验，让更多的教师深入了解教学改进的内涵与操作方法。中原区全区教师均可参与讲座和评课。

3. 创新性原则

参与项目的教师要依据本校的硬件设施、学生情况、课程情况，个性化执行教学改进任务，针对改进中遇到的问题要敢于创新，及时与专家团队进行沟通，解决遇到的实际困难。

4. 自主性原则

项目组定期组织教师开展线上研讨，重点讨论当前阶段遇到的困难及解决方案。鼓励教师通过线上研讨、线下听评课等形式，分享教学改进的相关案例与心得，提升自主解决问题的能力。

5. 导向性原则

教学改进项目坚持素养导向。《义教课标》明确提出了核心素养要求，对语言能力有新的阐释，也详细地介绍了符合国情的教学和评价方式。本次教学改进将体现《义教课标》的精神，以发展学生核心素养为导向，落实立德树人的根本任务。

(二)第一学年教学改进整体设计

1. 主要改进内容

项目组通过对郑州市义务教育质量监测数据的分析发现：英语学科中学生学业水平两极分化问题较为严重；学校之间差异明显；学生在听读方面整体表现较好，语言综合运用能力有待提高，写作中词汇语法方面得分尤其不理想；学生学习兴趣也有待提高。对此，项目组进行充分的归因分析，以读写素养为主要抓手，并结合不同区域各个指标的具体情况，形成有针对性的有效改进策略。第一学年主要进行阅读教学改进：通过持续默读、阅读圈、分级群文阅读等方式培养学生的阅读情感、阅读能力和思维品质，帮助教师了解相应的教学方法，并基于学科核心素养的培养，尤其是思维品质的培养，去设计教学，提升学生的读写能力。

2. 改进项目基本模型

项目组提取了改进项目中涉及的关键数字来为改进模型命名，第一学年的基本模型是"2＋4＋30＋N"。其中，"2"指样本学校的选择，即第一学年的 2 所样本学校(第十九中学和第八十中学)；"4"指关键教师的数量，即 2 所样本学校各固定 2 位关键教师；"30"指项目参与教师，一共 30 位项目固定参与教师，来自中原区不同学校，形成教师读写教学研修团队，项目组针对他们有考核和评价；最后的"N"指项目辐射的教师群体，项目首先影响本区域内的初中英语教师，然后是郑州市的初中英语教师，再扩展到更广区域的教师群体。

3. 改进项目实施计划

根据总项目规划，第一学年项目实施计划如表 2-1 所示。

表 2-1　第一学年项目实施计划

时间	工作
3～9 月	发布学科蓝皮书，设计改进方案，启动教育质量提升项目。
9～11 月	第一轮改进：实施持续默读、阅读圈教学、阅读教学中的词汇教学、阅读教学中的思维品质培养等；下校听课评课。每学期开展不少于 3 次实地教研，原则上每次教研时间不少于 3 天，总计 72 课时。
12 月	中期总结与研讨。

续表

时 间	工 作
次年 1 月	寒假培训，集中 2 天培训，总计 24 课时。
次年 2～5 月	第二轮改进：分析阅读困难和解决方法，实施主题意义探究的阅读教学、分级群文阅读等；下校听课评课。总计 72 课时。
次年 6 月	总结提炼模型，形成改进报告。
次年 7 月	评估改进效果，完成第一学年验收结项。

4.改进项目具体安排

(1)第一轮改进(9～12 月)

目标：培养学生阅读习惯，提升学生英语学习兴趣。

第一次活动 启动第一轮改进：开启持续默读，创建书香文化。

第二次活动 持续改进：介绍阅读教学中的词汇教学和增加单元中词汇滚动学习的方法。

第三次活动 进入课堂：阅读圈的讲解和实操展示，创建和谐的课堂文化。

第四次活动 深入课堂：基于核心素养，尤其是思维品质培养，进行课堂教学设计与实施。

中期总结与研讨。

(2)寒假培训(次年 1 月)

目标：夯实第一轮改进成果，激发教师改进的内在动机。

讲座一：基于目标导学的初中英语阅读教学设计。

讲座二：英语教师如何成为更好的自己。

(3)第二轮改进(次年 2～6 月)

目标：改善两极分化现象，提升学生语言综合运用能力。

第一次活动 启动第二轮改进：分析初中生英语阅读困难及解决方法。

第二次活动 深化改进：基于主题意义探究的阅读教学的实施。

第三次活动 扩展改进：分级群文阅读课的实施。

总结提炼模型，形成改进报告。

项目组使用课堂观察表对教学进行观察，使用访谈提纲对教师和学生进行深度访谈，了解项目实施的具体情况，并收集教学中的实物证据，如学习笔记、练习、作业、试卷等，目的是根据项目推进的具体情况对改进安排进行必要调整。

(三)第二学年教学改进整体设计

1. 主要改进内容

项目组在第一学年建构的阅读教学改进模型的基础上，进行读写结合教学改进模型建设，形成郑州市英语学科年度改进报告，旨在提高郑州市初中英语教师教学能力，提升英语学科教学质量。通过第一学年的教学改进，学生的阅读兴趣已有所提升，但其自主学习、合作学习、语言综合运用、写作等能力还需进一步加强。对此，项目组提出以读写素养培养为主要抓手，开展"基于深度学习的读写结合教学策略""读写结合教学中的'教—学—评'一致性""阅读圈中的读写结合""基于产出导向法(Production-Oriented Approach，POA)的读写结合教学"等主题内容的研讨，培养学生的阅读能力和写作能力。同时，根据第一学年教学改进的实际，跟踪回访上一学年项目成果的运用情况，解决实际教学问题。

2. 改进项目基本模型

在第一学年"2+4+30+N"模型的基础上，第二学年增加了参与学校和教师的数量，项目基本模型为"2×2+(2+1×3)×2+30+N"。其中，"2×2"指样本学校的选择，代表每学期2所新样本学校，2个学期4所样本学校(第七十三中学和第四十二中学，第十六中学和第六十四中学)；"(2+1×3)×2"指关键教师的选择，第一个"2"代表2所样本学校每学期各固定1位关键教师，1个学期共2位，"1×3"代表每次随机抽取1位教师，1个学期有3次随机抽取，一共3位随机教师，第二个"2"代表第二学年一共2个学期，即第二学年共有10位关键教师参与，其中固定关键教师4位，随机教师6位；"30"和"N"的意义不变，第一学年30位来自不同学校的读写教学研修团队成员继续参加第二学年改进活动，项目组继续对他们进行考核和评价；"N"为项目辐射的教师群本，项目首先影响本区域内的初中英语教师，然后是郑州市的初中英语教师，最后扩大到更广区域的教师群体。

3. 改进项目实施计划

根据总项目规划，第二学年项目实施计划如表2-2所示。

表 2-2　第二学年项目实施计划

时间	工作
7～8 月	设计第二学年改进方案，暑假读书安排，启动第二学年教学改进项目。
9～11 月	第一轮改进：读写结合课的说课与点评、读写结合课的讲座、"教—学—评"一致性的讲座；课堂听课评课；访谈教师的收获情况。总计 72 课时。
12 月	市级公开课展示，中期总结与研讨。
次年 1 月	寒假培训，集中 3 天培训或者分次培训，总计 24 课时。
次年 2～5 月	第二轮改进：读写结合的阅读圈教学的说课与点评、基于深度学习的读写结合教学的说课与点评；课堂听课评课；访谈教师的收获情况；基于 POA 的读写结合教学展示。总计 72 课时。
次年 6 月	市级公开课展示，项目总结，形成改进报告。
次年 7 月	评估改进效果，完成验收结项。

4. 改进项目具体安排

（1）暑假学习（7～8 月）

目标：开展阅读学习，调研项目需求。

安排：分发阅读书目，开展关于阅读学习的抽查和访谈，对第一学年项目进行进一步访谈调研。

（2）第一轮改进（9～12 月）

目标：开展读写教学，提升读写素养。

第一次活动　启动第一轮改进：持续默读的分享与交流，新样本学校的持续默读规划，读写结合课的说课及点评，开展读写结合教学的概念认识讲座。

第二次活动　进入课堂：读写结合课的听课及评课，开展基于深度学习的读写结合教学讲座。

第三次活动　深入课堂：指导读写结合课，开展读写结合教学中的"教—学—评"一致性讲座。

第四次活动　展示课堂：读写结合课展示，中期总结。

（3）寒假培训（次年 1 月）

目标：继续阅读学习，打磨读写结合教学课例，追踪培训效果。

安排：分发阅读书目，开展关于阅读学习的抽查和访谈，对第一轮改进效果进行访谈调研，指导关键教师的读写结合教学设计。

（4）第二轮改进（次年 2～6 月）

目标：进一步解决阅读圈教学中的问题，开展基于 POA 的读写结合教学，提升学生表达能力。

第一次活动　启动第二轮改进：上一学期公开课展示，开展基于 POA 的读写结合教学讲座。

第二次活动　开展基于阅读策略的阅读圈角色设计与角色培训讲座，基于 POA 读写课的课例研讨。

第三次活动　基于 POA 的读写结合教学课例分析，开展中学英语读写结合教学策略讲座。

第四次活动　读写结合课展示，项目总结。

四、具体教学改进措施

如第一章所言，尽管前期制订了详细的方案，但在教学改进过程中，项目组会按照"发现问题并及时解决问题"的思路来决定具体改进措施的实施顺序，同时也会在原有方案上根据教师和学生的反应来增删改进措施。总体来说，在第一学年阅读教学改进充分实施的基础上，第二学年教学改进以读写结合教学为抓手，继续解决学生语言综合运用能力不足的问题，同时对第一学年的改进措施进行巩固。表 2-3 将两年的改进讲座主题进行了分类总结。

表 2-3　培训讲座主题

序号	讲座主题	聚焦问题
	第一学年	
1	持续默读在英语教学中的应用	课外泛读：素材和策略
2	英语阅读困难及选材	

续表

序号	讲座主题	聚焦问题
3	基于思维品质培养的课堂教学设计	课内精读：核心素养
4	基于目标导学的初中英语阅读教学设计	
5	基于主题意义探究的初中英语阅读教学	
6	阅读圈在英语课堂中的应用	
7	英语分级群文阅读教学	
8	英语阅读中的词汇教学	
9	英语教师如何成为更好的自己	教师专业成长：内驱力
第二学年		
1	读写结合的英语教学	读写结合教学
2	基于深度学习的中学英语读写结合的教学实践	
3	"教—学—评"一体化视域下的中学英语读写结合教学设计路径与案例	
4	基于产出导向法的中学英语读写结合教学实施细则	
5	基于产出导向法的读写结合教学课例分析	
6	中学英语读写结合教学策略	
7	基于阅读策略的阅读圈角色设计与角色培训	

在第一学年的教学改进中，基于目标导学和主题意义探究的初中英语阅读教学设计讲座原本不在计划之内，是项目组发现问题后进行的调整。项目组在听评课中发现：关键教师教学设计中的教学目标不明确，缺乏层次性，缺少基于目标的学生表现评价标准，目标与活动联系松散，甚至脱钩；同时，教师虽然设计了主题意义探究环节，但探究环节具有明显的"贴标签"倾向，教师采取告知而非探究的方式来处理主题意义，教学过程不充分，不利于实现立德树人的根本目标。另外，在实际改进过程中，项目组删掉了原计划中的"学习档案袋"这一措施，这样的调整更有利于集中精力解决主要问题。

第二学年教学改进的第一次活动在现场实施，其他活动均在线上进行。从表 2-3 可以看出，第二学年教学改进围绕读写结合教学来实施，从理论、实践、评价等方面对读写结合教学进行探讨。关键教师展示课涉及的语篇体裁差异较大，教师之前较少接触读写结合课课型，在应用新方法（如 POA）时出现的问题较多。因此，项目组与区域教师、教研员及时沟通，增加了两次讲座，进一步展示 POA 的实施过程（基于 POA 的读写结合教学课例分析），同时也为掌握新方法确实有困难的教师提供了其他教学策略以供选择（中学英语读写结合教学策略）。为提高线上交流的效率，项目组为每位关键教师分派了单独的指导教师，负责对教学设计进行一对一指导，并组织教师对改进活动中遇到的突出问题进行集体研讨。另外，原计划只包含一次阅读圈活动，但考虑到在第一学年教学改进中，教师在实施阅读圈教学时还存在较多问题，对实施策略理解不深入，需要进一步培训，又考虑到阅读圈能结合阅读与写作，符合改进目标和主题，因此在第二学年对阅读圈教学策略进行了更深入的探讨（基于阅读策略的阅读圈角色设计与角色培训），帮助教师充分掌握这一方法。

除了讲座和工作坊，项目组也非常关注教师与学生的反馈，每次在听评课结束后会安排充足时间与教师进行一对一访谈，并与学生代表座谈，了解改进措施的落实情况。项目组始终抓住课堂教学这个主要矛盾，不断帮助教师拓展阅读教学设计的思路。在每次改进活动中，项目组先检查上一次讲座内容在展示课上的落实情况，再进行新内容的讲座和工作坊实操培训，并布置下一次展示课的任务。总之，教学改进滚动式前进，使教师有充分的获得感。

【本章小结】

本章介绍了依据《义教课标》确立的教学改进目标，并展示了两学年四轮的教学改进思路和内容。整体设计之下，每一次改进活动都会设计详细方案，既关注上一次改进的效果，也注意引入新的教学方法，使教学改进的车轮不断前进。在改进模型中，关键教师既有高强度的输入，又有高频率的输出，展示教学改进效果，传播教学改进理念；固定参与教师参加讲座、工作坊和听评课活动，形成教师读写教学研修团队；教师群体"N"是改进项目想要辐射的广大教师群体，项目组希望把教学改进的观念和方法传递给中原区、郑州市其他地区，以及更广区域的初中英语教师。

中 篇

指向读写素养的教学
改进实施

  以读写素养为目标的教学改进依托具体的读写教学方法培训开展。中篇挑选了 7 个读写教学改进主题进行介绍：持续默读、阅读教学中的词汇教学、指向思维品质培养的阅读教学、基于阅读策略的阅读圈教学、基于深度学习的读写结合教学、"教—学—评"一体化视域下的读写结合教学和基于 POA 的读写结合教学，展示了从阅读教学到读写结合教学的改进思路。其中，阅读圈可以视为阅读教学和读写结合教学的连接点，它既要求学生独立阅读、思考和表达，又要求学生在读后交流、展示和写作。这 7 个典型主题都以培训讲座内容为基础，辅以课例讲评，部分章节(第三、五、六章)还呈现了师生访谈内容来说明改进实施的具体情况。项目组的教学改进工作亦如中篇每一章所示：精心准备主题讲座，同步收集师生反馈，反复打磨示范课，助力教师成长。

第三章　持续默读培养学生阅读素养的实践

【本章提要】

　　阅读是人类获取信息和知识的重要手段。当前，大部分学生课外阅读时间较短，教师平常关注较多的是单词和语法教学，在激励学生阅读和培养学生自主阅读习惯方面做得不够。项目组通过分析郑州市义务教育质量监测数据发现，学生在上英语课、阅读英语类读物等方面的兴趣存在差异，整体学习兴趣有待提高。如何培养学生的阅读情感，从而促进他们的英语学习，是指向读写素养的教学改进项目首先要解决的问题。项目组在郑州市中原区的学校实施持续默读，培养学生的阅读情感、阅读能力和思维品质，帮助郑州市初中英语教师了解相应的教学方法，提升学生的阅读素养。本章介绍持续默读的实施方法、样本学校实施的具体情况，以及持续默读对教师和学生的影响。

一、关于持续默读

　　项目组开展关于持续默读的讲座，让初中英语教师全方位认识持续默读，为实施持续默读奠定理论和方法上的基础。

（一）持续默读的概念

　　持续默读（Sustained Silent Reading，SSR）是一种以学校阅读为基础，可扩展到课外、校外的自由阅读模式。学生在学校的某段时间内，可以自由挑选自己喜欢的书，进行安静的自主阅读，没有任何打扰和中断、没有测试、没有阅读技能的训练、没有来自教师的监督和讲解。在这种阅读模式下，教师应该和学生一起阅读，教师起着阅读示范作用。①②

持续默读虽然有不同的名称，例如 FVR（Free Voluntary Reading）、DEAR（Drop Everything and Read）、DIRT（Daily Independent Reading Time）、LTR（Love to Read）、USSR（Uninterrupted Sustained Silent Reading）、POWER（Providing Opportunities with Everyday Reading）、FUR（Free Uninterrupted Reading）等，但它们都有一个共同的特征：让学生自由、持续默读并且不被打断。持续默读强调不加干预的自由阅读的重要性，对以词汇、语法、阅读策略训练为主的传统阅读教学是很好的补充。③

(二)开展持续默读的益处

1. 提升阅读素养

阅读素养的提升表现为阅读品格和阅读能力的提升，关键在于阅读量的增加。实施英语持续默读，可有效提升学生英语阅读量，培养学生阅读兴趣。④ 国外学者开展了大量持续默读的实验研究⑤，这些研究结果表明：参与持续默读的学生比未参与持续默读的学生有更好的阅读理解能力和文学素养。⑥

2. 提升核心素养

在持续默读的过程中，学生大量接触目标语言，以显性或隐性的方式获得语言，练习使用语言、知识和策略进行理解，在自主阅读中积极思考，并增强文化理解能力。因此，通过持续默读，学生的语言能力、文化意识、思维品质和学习

① GARDINER S. Building student literacy through sustained silent reading[M]. Alexandria：Association for Supervision and Curriculum Development，2005.

② 罗少茜，李知醒. 持续默读在中小学英语教学中的应用[J]. 中小学外语教学（中学篇），2014，37(11)：8-12.

③ 陈则航，罗少茜，王蔷. 语言教学中的儿童文学：从德国 Hildesheim 国际学术会议谈起[J]. 中小学外语教学（小学篇），2010，33(6)：1-4.

④ 罗少茜，曾玲. 青少年外语读写能力培养[M]. 南宁：广西教育出版社，2017.

⑤ PILGREEN J L. The SSR handbook：how to organize and manage a sustained silent reading program[M]. Portsmouth，NH：Heinemann Boynton/Cook Publishers，2000.

⑥ KRASHEN S D. The power of reading：insights from the research[M]. 2nd ed. Westport，CT：Libraries Unlimited，2004.

能力都得到培养，从而提升核心素养。

3. 让学生爱上阅读

在持续默读中，学生学习阅读的技巧，体会阅读的乐趣，并逐渐养成良好的阅读习惯。在一项持续默读实验结束后的效果访谈中，当被问到"对持续默读的印象"时，有90％的学生认为持续默读是一个非常好的阅读项目，给他们留下很好的印象并带来了乐趣和收获；当被问到"是否愿意在实验结束后继续实施持续默读"时，几乎全部学生表示今后愿意继续开展持续默读。① 由此可见，持续默读可以改变学生的阅读情感态度，学生在持续默读后更愿意保持阅读习惯。

二、持续默读开展策略

（一）提供阅读材料

1. 建立班级图书馆

阅读首先要解决的是材料问题，要使学生能够真正持续、投入地阅读，首先要保证他们能够拿到自己感兴趣且难度相当的阅读材料。② 阅读材料可以是课外英语书、英语报纸、英语杂志、英语漫画，学生自己制作的英语书也可以作为持续默读的材料。建立班级图书馆，阅读材料可以从以下渠道收集：首先，学校应当认识到持续默读的重要性，拨出图书经费，给每一个班级配备几套英语课外读物，用于开展持续默读活动；其次，教师可以鼓励学生用自己读过的阅读材料充实班级图书馆，给其他学生提供阅读的机会；最后，教师也可以为持续默读活动提供丰富有趣的阅读材料。

2. 引导学生自主选择阅读材料

合适的阅读材料是发展阅读能力的前提，不同的阅读材料类型会对学生的语

---

① 李兴勇. 持续默读对高中生英语阅读情感态度的影响[J]. 中小学外语教学（中学篇），2014，37(5)：36-41.

② 罗少茜，张玉美. 英语阅读教学新模式理论与实践：以持续默读促进学生自主阅读[J]. 基础教育研究，2016(7)：50-53.

言学习产生不同的效果。① 学生能够自主选择阅读材料是持续默读成功的关键，而如何选择合适的阅读材料至关重要。阅读材料题材或难度不合适，都会让学生失去阅读兴趣。一旦学生失去了阅读兴趣，持续默读便难以获得成功。为使学生能够选择合适的阅读材料，教师可以从材料分类和分级、引导学生评估材料与阅读水平的匹配度两方面着手。

（1）材料分类和分级

为了让学生更好、更快地选择适合自己的阅读材料，教师需要对班级图书馆的阅读材料进行分类、分级整理。建议教师先将所有的阅读材料依照主题进行分类，再将同一主题内的不同阅读材料标注难度等级。②

如果是系列读物，教师可以按系列内已经标注的等级来排列材料难度等级；如果是非系列读物，教师可以根据一些阅读测评体系来确定级别，如蓝思阅读测评体系。

（2）引导学生评估材料与阅读水平的匹配度

教师在提倡学生选择自己感兴趣的阅读材料的同时，也应提醒他们考虑自己的阅读水平。为了帮助学生选择适合自己阅读水平的材料，教师可以为其介绍一种常见且易行的方法："五指测试"（Five-finger Test）。打开阅读材料，阅读任意一页，当遇到不认识的单词时，竖起一根手指，这页读完后检查竖起的手指数，超过 5 根手指代表材料的难度过大。

（二）制订阅读规范

1. 明确实施规则

为了让学生充分了解持续默读，教师必须耐心向学生介绍持续默读及其作用。教师可以介绍其他国家、地区或学校实施持续默读的经验，或与学生分享自己平时默读的经验及体会。同时，教师应当制订实施持续默读的规则。例如，必

---

① 曾玲. 英语阅读材料类型对初中生读写能力和阅读态度的影响［D］. 北京：北京师范大学，2018.

② 罗少茜，李知醒. 持续默读在中小学英语教学中的应用［J］. 中小学外语教学（中学篇），2014，37（11）：8-12.

须在持续默读前选择好阅读材料，阅读时保持安静。教师可以将规则打印出来，张贴在墙报中，提醒学生遵守规则。

2. 注意实施要点

在实施持续默读的过程中，教师是持续默读的示范者。教师要给学生提供多种可选择的材料，学生选择的材料一定要适合自己。阅读要在安静、放松、不评价的环境中进行①，阅读后教师要组织学生交流分享。

持续默读在课内实施的具体步骤如下。②

(1)教师每天安排 3～15 分钟的时间，组织学生持续默读。

(2)在阅读开始前，学生挑选当天要阅读的材料。教师示意开始后，学生即可进行阅读。

(3)在阅读过程中，学生需要保持安静且不能做其他事情，如做作业、阅读课本、与同学或教师交谈。如果学生觉得所读材料不适合自己，可以在不打扰别人的前提下去班级图书馆更换。

(4)教师必须与学生一起阅读，而不是批改作业、在教室内巡视，或是离开教室。

(5)阅读结束后学生不需要做阅读报告，教师也不应针对学生所读的内容提问。

教师在持续默读时，可以阅读自己一直想要阅读的书籍或平时没有时间翻阅的专业学术期刊，也可以阅读适合学生的材料，以便与学生就阅读的内容进行交流和沟通。教师的阅读示范很重要，当学生看到教师以严肃、认真的态度来对待持续默读时，会觉得持续默读是一件很重要的事情，随之进行效仿。③

---

① ANDERSON C. Sustained silent reading: try it, you'll like it! [J]. The reading teacher，2000，54(3)：258-259.

② 罗少茜，李知醒. 持续默读在中小学英语教学中的应用[J]. 中小学外语教学（中学篇），2014，37(11)：8-12.

③ 罗少茜，曾玲. 青少年外语读写能力培养[M]. 南宁：广西教育出版社，2017.

(三)推动阅读进行

1. 安静阅读

学生阅读时，要保持安静。教师不可以走到学生身边去监督或查阅，避免让学生产生紧张情绪。教师要保证整体阅读过程中学生是安静的、独立的，为其营造无干扰、无压力的环境。

2. 同伴阅读

学生间可以进行同伴阅读。每两位学生阅读同一本书，读后对阅读的内容进行讨论或者分享各自的阅读感受。

3. 阅读打卡

学生可以通过阅读日记进行打卡记录。每星期一，教师组织学生进行阅读日记分享，分享的形式可以是同伴分享、小组分享，也可以是全班进行分享交流。

4. 评选活动

教师可以设计一个评选"最佳阅读者"的活动。评选应该包括阅读的量和质：一方面，评估学生在同一时期内的阅读量；另一方面，通过学生的分享交流、阅读日记、平时阅读的投入状态等评估学生阅读的质量。

(四)监控阅读过程

1. 使用阅读记录表

在实施持续默读过程中，有的教师担心学生会在规定时间内假装阅读，注意力其实并没有放在阅读上。针对这种情况，可以使用阅读记录表。该记录表要求学生在每天的持续默读后，记录下自己阅读材料的标题以及阅读的页数。如果学生中途更换阅读材料，只要把新材料的标题和阅读页数写上即可，不需要解释更换原因。教师可观察学生是否填写了阅读记录表，只要学生按照自己的阅读兴趣和阅读水平选择适合的材料，认真进行阅读，便可获得相应的平时成绩。阅读记录表的成绩不会因为阅读材料的题材和阅读量的多少而发生变化，这一点教师在一开始就必须向学生解释清楚。①

2. 访谈学生

下课时，教师可随机访谈学生，了解学生的阅读情况。访谈时，学生可以携带他们所写的阅读日记和阅读记录，教师可以根据记录了解学生阅读的真实情况，以便进行评估和建议。访谈的问题可以为：最近读了多少书？你最喜欢哪本书？书中让你印象深刻的部分有哪些？

3. 撰写阅读日记

教师可以让学生写阅读日记，以更好了解学生的阅读情况。阅读日记的撰写要改变过去摘抄好词好句的做法，要重在发展学生的思维。可以使用的阅读日记写作框架如表 3-1 所示。

表 3-1　Sustained Silent Reading Reflection Log

SUMMARIZE："This book is about…" "The main idea is…"   PREDICT："Based on…, I predict that…"   CONNECT："This story is like my life because…"   EVALUATE："I like/do not like this story because…"   QUESTION："When I read the part about…, it made me wonder…"   VISUALIZE："When I read the part about…, I pictured…"

(五)评估阅读效果

1. 使用评估工具

教师应当抑制检测持续默读对学生阅读成绩影响的冲动。虽然教师应当避免直接对学生阅读的内容进行测试，但还是可以从平时的英语阅读测试中逐渐看到学生阅读能力的变化。另外，教师可以用阅读测试来判断是否应当增加一些难度稍高的书籍。例如，在持续默读实施初期，教师使用某个等级的阅读材料让学生阅读，但教师不清楚应当在什么时候添加更高等级的图书。为了解决该问题，教

---

① 罗少茜，李知醒. 持续默读在中小学英语教学中的应用[J]. 中小学外语教学（中学篇），2014，37(11)：8-12.

师可每隔一个月用一种信度和效度都较高的英语阅读测试来检测学生的阅读水平。①

2. 开展读后活动

(1)推荐阅读材料

在学生选择阅读材料的过程中，教师和其他学生都可以提供信息，帮助他们选择最适合自己的阅读材料。有的学生在阅读了较好的材料后，会有分享的意愿和热情。教师可以利用课上的时间让学生进行分享交流，也可以让学生填写阅读推荐表，张贴在教室墙上。

(2)开展阅读讨论

在持续默读活动开展一段时间后，教师可以鼓励学生就阅读的内容进行讨论，不限制讨论的具体内容和形式。教师可以先进行示范，与学生讨论自己在持续默读活动中阅读的内容，比如朗读书中的片段或针对书中的话题谈谈自己的感受。

(3)开展读后写作

教师可以鼓励学生开展读后写作。当学生阅读了一本小说或文章后，教师可以引导学生思考：是否喜欢书中的结局？对人物的评价如何？后续故事如何发生？鼓励学生写下自己的想法。

三、持续默读实践

(一)实践案例

郑州市各初中学校组织教师听完讲座后，在项目组的倡导下和郑州市中原区英语教研员陈桂杰老师的要求下实施了持续默读。以下展示几个有代表性的案例，每个案例都由样本学校的教师撰写，具有典型性和真实性。

---

① 罗少茜，李知醒. 持续默读在中小学英语教学中的应用[J]. 中小学外语教学（中学篇），2014，37(11)：8-12.

案例 1 郑州市第八十中学开展持续默读的实践①

在项目组的安排下，我和中原区的其他教师共同聆听了李兴勇老师的精彩报告"持续默读在英语教学中的应用"。在报告中我们第一次了解了持续默读的概念以及持续默读的特点和实施规则。

报告会之后，我校英语教研组根据专家给出的理论指导和实际操作方法，集体商定了持续默读在我校的开展对象、开展时间、阅读选材问题和读后交流形式。由于初次开展此活动，九年级又面临较大的升学压力，所以最终确定在七、八年级进行。为确保阅读的效果，阅读活动安排在课堂时间进行。与项目实施前相比，上课的时间减少了 15 分钟，这对教师优化课堂教学提出了更高的要求。同时，每周要抽出一节课的时间进行读后交流，主要采用问题交流、书中人物角色扮演，以及以手抄报、幻灯片为载体的读书报告等形式。在选材方面，鉴于七年级学生阅读水平差异不大，采取班级共读一本书的方式；八年级已出现英语阅读水平两极分化现象，所以采取自由选材的方式。

在具体实施之前，我们首先通过课件展示的形式给学生做了一个小型动员会，告知学生我们为什么要阅读、阅读的价值在哪里、怎样认知持续默读，以及最重要的一点：阅读的规则。随后，在七、八年级开始实施持续默读。学生不仅在校坚持阅读，周末和假期仍然会通过打卡坚持阅读。在读后反馈方面，有的班级通过问题交流的方式进行反馈，教师除解答学生对所读内容的疑惑外，还会以设置问题或活动的形式进行交流，这对学生的阅读起到了引领作用；也有的班级是通过学生绘制手抄报和制作课件等形式进行读书分享，作为反馈的主要方式，学生能够对所读材料的作者、主要内容以及自己读后的感受娓娓道来，确实是一次难得的体验。

最后，我想总结一下持续默读的实施效果，这里说的效果并不是成绩等数据的统计。作为教师，我们所能发现的学生变化，除了他们阅读时专注的神情，收

---

① 本案例由郑州市第八十中学的张有景老师撰写，本书中有删减。

书时恋恋不舍的表情，以及读到喜欢的内容时会心的笑容外，还有项目组进行调查时他们的真实表达。有的学生说现在喜欢阅读，即使教师不要求，自己有时间也要阅读；有的学生说和七年级相比较，现在读了很多书，做阅读理解比之前好了些；有的学生说晚上放学回家会留 10 分钟阅读，每天晚上都会坚持；还有的学生说在学校自习课上阅读，可以读自己喜欢的材料，如报纸、杂志、分级读物，每天阅读半小时以上。同时，学生的表达意愿增强。最直观的表现就是课堂上回答问题的人数、次数增多，并且不管是口头表达还是书面表达，学生的语言变得更加丰富，能表达出他们独特的想法。学生的这些点滴变化更加坚定了我们继续推进持续默读的决心，我们也将持续践行"阅读本身就是回报"的准则。

案例 2　郑州市第十九中学七年级英语持续默读活动①

我校七年级的 7 个班级已经开展了为期近一年的持续默读与应试默读的训练。在这一年里，学生由最初的好奇和有一点点担忧，到现在的驾轻就熟和沉浸其中，实现了由量变到质变的过程。

1. 持续默读班级读前特点

在选择实验班级时，我对学生进行了阅读前测，下发了有关阅读的调查问卷。结果显示，与偶数班学生相比，奇数班学生的阅读能力和词汇量更低，不同班级学生的特点和阅读兴趣也不尽相同，2、5、7、10、14 班学生比较活跃，对新事物的接受能力更好，其他班学生课堂气氛相对沉闷，但是学生有一定的求知欲。最终确定 2、4、6、8、14 班为对照班，5、7 班为实验班。阅读前测的结果也说明了实验班学生的阅读能力略低于对照班学生的阅读能力。于是在星期一至星期四的午自习前，每天 14:05—14:20 安排 15 分钟的默读时间，如年级有其他安排，则顺延至下午的自习课。图 3-1 为学生读后制作手抄报的示例。

---

① 本案例由郑州市第十九中学的邢六六老师撰写，本书中有删减。

图 3-1　学生读后手抄报

2. 实施持续默读的过程

在实施持续默读的过程中，参与活动的教师经常与不同英语水平的学生沟通，听取学生对于阅读内容、阅读方式的想法和意见。

最开始进行持续默读活动时，学生虽然很好奇，但更多的是存在顾虑，如单词不懂，对名著有理解方面的困难等。所以在最初选择书籍的时候，学生都在尽量选择标题简单、插图丰富的材料，读的时候更多关注语言本身，而非语言所传递出的感情和深层含义。在对学生选择书籍的方式进行系统的引导后，学生开始学会选择适合自己阅读的书籍了。

经过一个多月的默读，学生对于阅读的理解变得不同了，渐渐形成了阅读习惯，到了时间就自觉地拿出书来默读。有的学生说那些名著其实并没有用很晦涩的语言，有些句子写得很好，是教材上学不到的，可以摘抄出来；大多数的学生开始关注阅读内容本身，如感受曲折的情节、丰富的感情表达等；还有很多学生把阅读材料读了第二遍。持续默读初见成效。

随着时间的推移，学生对于阅读的兴趣也逐渐增加，联动效果就是我的英语课比以前更受学生的欢迎，这也是我的额外收获。到第二学期中期的时候，原来基础薄弱的学生很开心地跟我说，现在能看懂文章大意了；基础较好的学生则表示可以看词汇更多的材料了。持续阅读活动接近尾声的时候，学生会在一起交流，讨论他们觉得哪些材料有意思并相互交换。

但是在持续默读实施过程中也存在一些问题，以下是部分学生的反馈。

（1）阅读记录表好像增加了阅读的负担，他们更希望在有所领悟时自由地记录。

（2）看到喜欢的句子时，与抄写相比更愿意背诵。

（3）认为不应该限定阅读时间，想在自己有意愿时自由地进行阅读，认为规定时间会降低阅读兴趣。

（4）希望通过和其他学生的沟通了解更多书籍，或者通过对同一本书的讨论分享心得。

（5）在书籍管理方面，希望像图书馆一样，在每本书里加一张借阅卡，这样就可以知道还有哪位学生读过这本书，有问题也可以互相讨论。

这些想法都值得关注，希望能在将来实施持续默读的过程中加以完善。

3．实施持续默读的效果及反思

持续默读的效果是显而易见的。

（1）大部分学生，尤其是英语基础薄弱的学生，对英语阅读有了一定的认识。他们由最初的缺乏自信到现在可以阅读有一定词汇量的书籍，认识到学英语不仅仅是为了应试，而是要听、说、读、写全面发展，丰富精神世界。

（2）大部分学生阅读成绩显著提高。持续默读实验班和应试阅读对照班相比，由前测时分数略低于对照班，到后测时分数稳稳高于对照班平均分3分，总体平均分进步9分。在日常测试中，学生对阅读部分的耐心增加，阅读部分题目的正确率有了大幅度提高。

（3）学生对英语学习的兴趣明显提高。家长对此反应尤其强烈，有家长在开家长会的时候反映：以前回家从来不带英语书、不读英语的学生，现在周末的时间还在家读书，去书店时还要买英文读物，这样的改变让家长很欣喜。

开展持续默读活动后，七年级英语组的教师和学生一样收获良多，也从阅读中找到了新的教学方向，收获了新的教学方法，同时也发现了自身可以改进和提高的地方。路漫漫其修远兮，吾将上下而求索。

案例3 郑州市第十九中学八年级英语持续默读开展情况①

1. 持续默读活动开展的前期准备阶段

（1）学生阅读材料的确定

在持续默读中，学生被鼓励阅读任何他们想读的材料，他们可以自由选择，无论是杂志、漫画、报纸还是绘本，只要是他们感兴趣的、愿意读的都可以。学生可以从书目或者从标有不同难度水平的书箱里选择阅读材料。教师需要对学生进行培训，教他们用"五指测试"来选择难度合适的书。在五指测试中，学生要从一本书里挑出一页阅读。他们开始读的时候要先握住拳头，每遇到一个不会读的词就伸出一个手指，假如还没有读完这页书，五个手指就都伸出来了，那么就说明这本书可能太难了。在这种情况下，学生应当将书放回去，再换一本难度更低的书。最终，班级确定的持续默读书目由三个部分组成：一是分级读物；二是系列读物；三是英文原版小说。

（2）班级持续默读要求和规则

①每名学生都必须安静地阅读。

②教师也必须不受打扰地阅读。

③每名学生选择两种材料（书、杂志、报纸等）进行阅读，中间不允许更换。阅读的材料必须广泛，学生不应评价他人材料的难易。

④可以使用计时器，但墙上不要有挂钟。教师需要观察学生注意力持续的时间，以便次日调整阅读的时间。

⑤不要有任何形式的报告和记录。读书报告、写作和记录等活动可以在形成阅读习惯后自然而然地开展。

---

① 本案例由郑州市第十九中学的周鹏飞老师撰写，本书中有删减。

2. 持续默读活动的实施阶段

（1）第一阶段

我们利用星期一至星期五每节英语课课前 7 分钟的时间开展持续默读活动，包括预备铃 2 分钟和课前 5 分钟，然后再开展常规的英语授课。我们使用的定时器就是手机，定时很方便。持续默读开始第一周，学生第一次接触这种阅读形式，教师预设学生会出现各种问题，比如进入阅读状态慢，没有选好书。事实证明，学生确实出现了这些问题。所以活动开始第一周，教师并没有与学生一起阅读，而是督促学生进入阅读状态，查看学生选择的书籍难度是否符合自身英语水平，如果不符合的话，提醒学生换书，并给他们讲解选书的方法。另外，教师会提醒学生填写阅读记录单（见附录 1、附录 2）。经过一周的适应时间，学生慢慢熟悉了这种形式。从第二周开始，教师与学生一同阅读，每次阅读完，与学生一同填写当日的阅读记录单。阅读记录单需要学生填写书名、日期、页码、简略笔记（阅读感受或好词好句）、阅读的大概字数。教师随机收取阅读记录单并进行反馈。

（2）第二阶段

从阅读记录单的反馈结果来看，很多学生在 7 分钟的阅读时间内能阅读 1～2 本英语分级读物，但是把书合上以后却对所阅读的内容没有什么印象，在思维方面缺乏对阅读内容主动、深度的加工。由此可见，学生的阅读行为习惯需要教师加以引导。

"学而不思则罔，思而不学则殆。"这是几千年前孔子曾提倡的一种读书及学习方法，指的是：如果一味读书而不思考，就会因为不能深刻理解书本的含义而不能合理、有效地利用书本的知识，甚至会陷入迷茫；如果一味空想而不去进行实实在在的学习和钻研，则终究是沙上建塔，一无所得。这告诫我们，只有把学习和思考结合起来，才能学到切实有用的知识，否则就会收效甚微。当代建构主义理论也认为学习要在活动中进行建构，要求学生对自己的活动过程不断地进行反省、概括和抽象。

因此，在持续默读的第二阶段，为了引导学生形成良好的阅读行为习惯，我们进行了"学而思"理念下八年级学生持续默读英语分级读物模式的探索。"学而思"理念，即在阅读中或阅读后针对所读内容进行主动思考的行为和习惯。在实际操作中，我们利用"5＋2"模式划分持续默读英语分级读物的 7 分钟时间，即 5 分钟阅读，2 分钟思考。我们提倡在阅读中或阅读后，针对读物内容有不低于 2 分钟的思考时间。为了引导学生养成思考的习惯，我们梳理了一些常见的阅读思考模式与教师引导方式。

①读前依据配图和题目进行读前猜测训练。

②读中边阅读边推断文章发展脉络。

③读中教师引导学生进行 Who、What、When、Where、Why、How 等问题的提问。学生回答完这些问题后，完成文章内容的内化，加深对文章的理解。

④适时举办课堂活动，依据阅读内容和题材，开展读后分享或读后表演活动。

⑤教师不断完善阅读记录单，督促学生每天填写，适时批改反馈。

⑥教师引导学生熟悉并学会制作各种思维导图，学生依据文章内容和题材绘制思维导图，从而对文章内容进行逻辑梳理。

3. 持续默读活动的总结反思阶段

持续默读能够扩大学生的知识面，提升学生文化意识。对于外语学习而言，要想学到语言的精髓，必须对该语言的文化有较深的了解与把握，而要想实现这个目标，仅仅依靠传统的英语教学、课本上的英语阅读材料远远不够，需要持续默读这样的教学模式作为有效的补充。

持续默读活动的开展虽然对学生学习兴趣的提升作用巨大，但是也存在很多需要改进的问题。例如：学生持续默读材料的选择问题；英语基础薄弱学生持续默读兴趣培养和持续性保持的问题；学生阅读过程中仍存在的只读不思，理解不深刻，对内容囫囵吞枣、一知半解等问题。持续默读不需要学生提交任何的阅读报告，但是对学生阅读效果的检测仍需考量和优化。

案例 4　郑州市第七十三中学的持续默读①

1. 以持续默读为契机的阅读实践探索

我校对持续默读进行的实践探索分为四个阶段。

第一阶段，教师首先向学生解释持续默读的作用，激发学生对于持续默读的兴趣。我校提供英语阅读材料，学生可自主选择，也鼓励学生分享自己喜欢的英语阅读材料。在实践的最初阶段，由于学生对全英故事感到陌生且存在压力，教师会选取一本读物进行示范，引导学生观察封面及文中插图，以此激发学生兴趣。同时，提醒学生用"五指测试"预测故事难度，提醒他们参考注释，减轻心理负担。

第二阶段，每天自习课安排 10 分钟进行集体默读。教师与学生一起默读，在此期间不做批改作业等无关活动，给学生树立榜样，引导学生沉浸于阅读之中。为培养学生的自主阅读习惯，教师设计阅读导读表（见表 3-2），使用 Who、When、Where、What、Why、How 等简单提示词设计问题，提示学生可以在默读的同时在书中进行标记，关注故事情节的逻辑结构与情节起伏，以便为最后的讨论分享做准备。

表 3-2　阅读导读表

What's it about?	
Which part do you like best?	
How do you feel about it?	
What can you learn from it?	

第三阶段，鼓励学生课外也进行 10 分钟的持续默读。教师设置课外阅读记录单（见表 3-3），帮助学生养成良好的阅读习惯，鼓励学生对优美的语言进行鉴赏，关注环境描写、心理描写、动作描写、情感描写等经典片段。

① 本案例由郑州市第七十三中学的张琼老师撰写，本书中有删减。

表 3-3　课外阅读记录单

书名	页码	经典描写与感悟	日期

第四阶段，增加每两周一次的分享会。对于集体阅读的素材，开展故事表演、人物讨论、读书分享报制作等活动，设置"最佳表演者""最佳评论人""最佳读书分享报"等奖项，鼓励学生积极参与活动。另外，每学期举办一次英文朗诵大赛，让学生分享自己喜欢的故事。

2. 巩固持续默读效果

定期在班级开展读后分享活动，巩固持续默读的效果。如开展针对某阅读材料的读后讨论，教师组织学生对阅读材料中的某一人物或事件进行讨论。讨论的过程可以提高学生发言的主动性和英语学习的积极性，增加学生开口说英语的自信心，加深学生对阅读材料的理解，从而使他们更加主动积极地投入英语阅读的各种活动中。同样地，主题写作活动也是一种很好的读后活动，可以帮助学生勇敢表达读后感受，提高学生英语阅读热情和学习自信。

3. 持续默读的意义

学生英语成绩显著提升。开展持续默读班级的英语成绩从七年级时平均成绩高于年级 3.88 分，到八年级时平均成绩高于年级 7.02 分。其中，作文成绩从七年级时平均成绩高于年级 0.17 分，提升至高 2.33 分。

另外，持续默读不仅对增强学生英语学习自信和提升成绩有帮助，还有利于学生掌握正确的阅读方法，养成阅读习惯，提高对语篇的分析推理能力，提升思维品质。多样的阅读素材，使学生涉猎多种话题，积极思考，对不同文化有更多角度的理解，提高了学生的文化综合素养。我们对持续默读在初中英语教学中的应用还在探索与实践过程中，会不断总结经验，使持续默读的开展越来越完善。

(二)学生及教师访谈

以上由教师提供的案例生动展示了持续默读在学校中落地、生根的过程。与此同时，项目组在郑州市初中英语教师实施持续默读时，对其实施过程进行了持续追踪，在每月一次的师生访谈中都会了解持续默读实施的现状、问题和效果。通过对访谈数据的分析，项目组发现实施持续默读使学生和教师产生了下列变化。

1. 学生的变化

(1)阅读投入持续增加

项目组在第一轮第二次访谈时发现学生对阅读的投入在增加。教师 T1 表示"学生对于课堂上进行阅读感到很开心，阅读的时候会沉浸其中"。学生 S8 说："我晚上放学回家会留 10 分钟阅读，每天晚上都会坚持。在学校自习课上阅读，也可以读自己喜欢的书。"在第三次访谈中，项目组发现学生在阅读方面的持续投入。例如，学生 S9 说："我读报纸、杂志、分级读物，每天都会读半小时以上。"

(2)阅读兴趣逐渐提升

在第三次访谈中，项目组发现学生的阅读兴趣逐渐提升。学生 S6 说："我现在更喜欢阅读了。即使老师不要求，我自己有时间可能也要阅读。"第二轮第二次访谈中教师的反馈也证明了这点。教师 T1 表示"学生现在喜欢阅读了"，教师 T4 表示"学生阅读面大了，阅读的学生多了，主动买书阅读的学生也多了"。

(3)阅读技能稳步发展

在第二轮第二次访谈中，学生 S5 说："我现在阅读速度快了，做题准确率也高了。猜单词的技能感觉提升了不少。"学生 S6 说："我感觉做阅读题目的速度和正确率都大幅度提高。以前看英语读物少，现在看得多了，猜词能力提高了。"学生 S8 说："我做阅读理解题目的速度更快了，理解能力也在不断提升。"学生 S10 说："阅读理解的文章我以前看不懂，现在可以看懂一大半了。"

(4)学业成绩有所提高

项目组通过第一轮第三次访谈了解阅读对学生英语成绩的影响时，多数学生都表示：因为进行了阅读，现在成绩比以前好了。例如，学生 S10 说："我到八年级英语成绩提升的原因是阅读量的增加，我比七年级更喜欢学习英语了。"学生 S8 说："我在八年级加强了阅读方面的练习，英语成绩和七年级相比有一定的提升。"在第二轮第三次访谈中，学生 S11 说："我以前做阅读理解题目时只能'干瞪眼'，现在做得比较流畅，用时更少、得分更多了，写作也能很快就构思出来了，我的(进步)是阅读量提升带来的。"

2. 教师的变化

实施持续默读后，教师的阅读教学理念和行为都发生了变化。

(1)认可持续默读效果

刚开始实施持续默读时，教师有时只会安排 5 分钟时间让学生阅读。一段时间后，教师观察到学生对阅读的喜爱和英语学习状态的变化，认可了持续默读的效果，给学生提供持续默读的时间增加到了 10 分钟。教师 T2 表示"从开展持续默读到现在，我从迷茫到怀疑，再到喜欢，发自内心地喜欢"。有些教师对持续默读的开展很有成就感。教师 T3 说："我会上阅读课了，同时看到了学生的变化，这些让我很有成就感。之前很多学生对英语是无所谓的态度，现在提到阅读材料时，感觉他们的兴趣增加了，更愿意和同学分享了。"

(2)坚持实施持续默读

在第四、五、六次访谈和项目结束半年后的随访中，项目组发现许多教师仍在坚持实施持续默读。教师 T3 说："我让学生在寒假期间和新学期都坚持阅读，我会组织学生进行阅读分享、撰写阅读笔记，他们获得了较大的进步。我们的持续默读还要继续。我现在坚信这是一个好的活动。第一，我觉得持续默读会培养学生的兴趣。以前学生对英语学习的兴趣不大，但是现在他们在阅读后会开展讨论，感觉学生很喜欢这种形式。第二，我觉得持续默读会培养学生的阅读习惯，对以后高中阶段英语阅读也有帮助。"

(3)推进持续默读常态化

在项目结束一年后的随访中，项目组发现持续默读已经形成教师班级教学的一个制度。教师 T4 说："这是我们的默认活动。平时每天都要阅读10~15 分钟，星期六、星期日每天也要读 15 分钟。我每隔两天会询问学生的阅读情况，大部分学生都会坚持阅读。他们每星期或两个星期交一篇读书笔记，记录自己的看法，表达自己的情感。"

【本章小结】

　　本章介绍了实施持续默读的策略和方法，选择几所开展持续默读的学校作为案例，分享了有效的实践经验。在项目开展的两年中，项目组持续追踪持续默读的开展情况，并开展访谈、实物分析、座谈交流等调研活动，对教师和学生进行指导，同时了解持续默读的效果和影响。从实施情况来看，持续默读促进了学生阅读素养的提升和教师阅读教学观念的变化。

第四章 阅读教学中的词汇教学实践

【本章提要】

在外语学习过程中，词汇知识扮演着重要角色。有限的词汇知识会严重影响外语交流，因为有限的词汇知识既阻碍语言理解，也阻碍语言产出。[①] 学生在阅读时感觉困难的主要原因可能是遇到生词后不能使用系统的方法处理，应对生词的方法单一。[②]《义教课标》强调依托语境开展教学，引导学生在真实、有意义的语言应用中整合性地学习语言知识。要让学生认识到词汇学习不是单纯的词汇记忆和机械的操练，而是要学会运用词语在特定情境中理解和表达意义。[③] 学生要在不同主题范畴下，以语篇为依托开展词汇学习和运用，在学习和使用词汇的同时，达到提升核心素养的要求。本章介绍样本学校八年级英语阅读教学情况，并结合阅读教学实际，探讨词汇教学策略，目的是为初中英语阅读教学中的词汇教学提供思路。

一、关于词汇学习

(一)词汇知识

截至目前，词汇学习的发生机制尚未明确，这是因为词汇学习涉及对词汇不

---

① NATION I S P. Learning vocabulary in another language[M]. Cambridge，UK：Cambridge University Press，2001.

② NOURI N，ZERHOUNI B. The relationship between vocabulary knowledge and reading comprehension among Moroccan EFL learners[J]. IOSR journal of humanities and social science，2016，21(10)：19-26.

③ 中华人民共和国教育部. 义务教育英语课程标准：2022 年版[S]. 北京：北京师范大学出版社，2022.

同成分的了解，是一个循序渐进的过程。① 准确使用一个单词需要掌握该词的发音和拼写，但是掌握一个单词远不止于此。研究者们认为词汇知识应该包含多种维度，了解一个词不仅需要知道该词的发音、拼写、形态，还需要知道该词与其他词汇间的句法关系、语义关系等。对词汇知识描述最全面的是内申（Nation），他最初指出，对一个词的了解和掌握应该包括八个不同方面的知识②，之后又添加了第九个方面的知识③，具体如下：

- 词的发音形式（knowledge of the spoken form of a word）

- 词的拼写形式（knowledge of the written form of a word）

- 词的语法范式（knowledge of the parts in a word which have meaning）

- 形式和意义联系（knowledge of the link between a particular form and meaning）

- 词的概念和所指（knowledge of the concepts a word may possess and the items it can refer to）

- 词的语义关联（knowledge of the vocabulary that is associated with a word）

- 词的语法功能（knowledge of a word's grammatical functions）

- 词的搭配（knowledge of a word's collocation）

- 词域和词频（knowledge of a word's register and frequency）

内申将词汇知识进一步划分为接受性词汇知识和产出性词汇知识。内申将接受性词汇定义为在听力或阅读输入中能识别并理解其意义的词汇，以及在提取其意义时所使用的词汇。该类词汇的数量要比产出性词汇多。产出性词汇是口语或写作中所使用的积极词汇，指的是通过口语或写作表达意义的词汇，以及在提取和产出恰当的口语或写作形式时使用的词汇。④简言之，接受性词汇是学习者在

---

① SCHMITT N. Vocabulary in language teaching［M］. Cambridge，UK：Cambridge University Press，2000.

②④ NATION I S P. Teaching and learning vocabulary［M］. New York：Newbury House Publishers，1990.

③ NATION I S P. Learning vocabulary in another language［M］. Cambridge，UK：Cambridge University Press，2001.

听力和阅读时所获得的语言输入，而产出性词汇则是学习者通过口语或写作传达信息时所进行的语言产出。

掌握一个词，不仅要掌握该词的音、形、义，更重要的是要掌握该词的搭配、语法功能、语义、词频等知识。教师在外语教学中，要充分利用已有资源，给学习者创设不同的主题语境，帮助学习者在不同主题语境中理解和表达词汇意义。

1. 词汇广度和阅读理解

词汇广度指的是在理解和使用语言时所需要的词汇数量。① 由于新词的涌入、旧词新义的产生、旧词的消失等原因，词汇在不断发展变化，因此学习者也应不断地扩大自己的词汇量。由于词汇量是不断变化的，所以并没有一个准确的数字说明母语者或者外语学习者到底该掌握多少词汇量。学习者应该掌握多少词汇才能够满足日常的生活需求呢？戈尔登（Goulden）等认为，英语母语者大约掌握 17000 个词族。② 阿道夫斯（Adolphs）和施密特（Schmitt）认为，外语学习者需要掌握 2000～3000 个词族，以便能够使用 90%～94%的语言。③ 劳弗（Laufer）提出，外语学习者需要掌握 5000 个词族才能够进行阅读④，若要达到母语者水平，则需要掌握 15000～20000 个词族。⑤

过往几十年，许多学者进行了实证研究并强调了词汇量和阅读的关系，指出

---

① KARAKOC D, KOSE G D. The impact of vocabulary knowledge on reading, writing and proficiency scores of EFL learners[J]. Journal of language and linguistic studies, 2017, 13 (1)：352-378.

② GOULDEN R, NATION P, READ J. How large can a receptive vocabulary be? [J]. Applied linguistics, 1990, 11(4)：341-363.

③ ADOLPHS S, SCHMITT N. Lexical coverage of spoken discourse [J]. Applied linguistics, 2003, 24(4)：425-438.

④ LAUFER B. The Lexical plight in second language reading：words you don't know, words you think you know, and words you can't guess [M]//COADY J, HUCKIN T. Second language vocabulary acquisition：a rationale for pedagogy. Cambridge, UK：Cambridge University Press, 1997：20-34.

⑤ NATION I S P. Learning vocabulary in another language[M]. Cambridge, UK：Cambridge University Press, 2001.

广泛阅读不同语篇有助于增加词汇知识。希尔（Hill）和劳弗指出，聚焦目标词汇的读后任务能够帮助学习者提升词汇知识量。① 很多学者认为词汇知识和阅读理解存在强相关，并通过实证研究验证了二者的关系。② 研究发现，如果学习者的词汇量过低或者低于阈值，那么阅读文本将会存在困难。学习者需要掌握文本中95％的词汇才能够更好地理解文本。③ 劳弗发现词汇量与阅读理解呈显著相关，认为学术阅读中95％的覆盖率意味着需要掌握3000个词族，也就是说学习者所掌握的词汇量低于3000个词族就会影响文本阅读。④ 与国外不同，我国课标中多以词型来界定词汇的多少，如《义教课标》规定初中毕业时，学习者应以词根词为主，需要掌握至少1600个单词。⑤ 至于多少词汇量能够满足初中生阅读需求，还需要进一步的实证探讨。

对语篇中词汇量的掌握程度是影响阅读理解的关键。虽然目前学者关于这一问题的观点还未达成一致，但词汇量低于一定的阈值肯定会影响文本理解。因此，需要提升学习者的词汇量，以便提升其对语篇理解的质量。课堂学习是提升英语水平和词汇量的主阵地。因此，教师应利用好课堂，改善词汇教学策略，提高学生词汇水平。

2. 词汇深度和阅读理解

词汇深度知识是词汇知识的另一个重要方面，指的是学习者对词汇知识掌握

---

① HILL M，LAUFER B. Type of task，time-on-task and electronic dictionaries in incidental vocabulary acquisition[J]. International review of applied linguistics in language teaching，2003，41(2)：87-106.

② ZHANG D. Vocabulary and grammar knowledge in second language reading comprehension：a structural equation modeling study[J]. The modern language journal，2012，96(4)：558-575.

③ LIU N，NATION I S P. Factors affecting guessing vocabulary in context[J]. RELC journal，1985，16(1)：33-42.

④ LAUFER B. How much lexis is necessary for reading comprehension? [M]//ARNAUD P，BEJOINT H. Vocabulary and Applied Linguistics. London：Macmillan，1992：126-132.

⑤ 中华人民共和国教育部. 义务教育英语课程标准：2022年版[S]. 北京：北京师范大学出版社，2022.

的程度。① 学习者需要了解词的发音、拼写，也需要了解该词与其他词汇的语法关系和语义关系，如搭配、同义词、反义词、上下义词等。词汇并不是单维的，而应该被看作多维结构的。词汇深度知识强调词汇间的联系网络，强调词汇间的搭配和联系。对词汇深度知识的测量一般有两种主要方式：发展的方式（developmental approach）和维度的方式（dimensional approach）。② 发展的方式是使用量表描述学习者对某个单词的习得阶段，例如使用词汇知识量表（Vocabulary Knowledge Scale）（见表 4-1）。维度的方式用来测量对词汇知识不同成分的掌握程度。虽然该类测试比较费时，且所测词汇有限，但该类测试能够提供更有价值的信息。

表 4-1　词汇知识量表

自我报告类别	分数	分数意义
Ⅰ	1	没见过该词。
Ⅱ	2	见过该词，但不知道其义。
Ⅲ	3	能给出正确的同义词或翻译。
Ⅳ	4	句中词义运用恰当。
Ⅴ	5	句中用词得体、语法精确。

词汇深度测试中使用最广的是词汇搭配测试（Word Associates Test）。③ 该测试要求为目标词汇选择恰当的搭配。目标词汇和搭配词汇具有三种基本的关系：聚合关系（上下义词、同义词）、组合关系（搭配）和分解关系（所给词汇是目标词汇的一个重要意义成分）。该测试经过多轮试测，测试题目与阅读理解能力高度相关，被证明具有内部信度。

词汇搭配测试示例：该题项要求被试找出与目标词（sudden）相关的四个词。该示例中相关的词是 quick 和 surprising（同义词），change 和 noise（搭配）。

---

① ③ READ J. The development of a new measure of L2 vocabulary knowledge[J]. Language testing，1993，10（3）：355-371.

② SHEN Z F. The roles of depth and breadth of vocabulary knowledge in EFL reading performance[J]. Asian social science，2008，4（12）：135-137.

sudden

beautiful quick surprising thirsty	change doctor noise cool

除以上词汇深度测试方法外，词频概貌（Lexical Frequency Profile）也是常用的方法之一。词频概貌不仅可以用来测量词汇的深度知识，也可以用来测量词汇的广度知识。①

虽然很多研究都探讨了词汇知识和二语阅读理解的关系，但大部分研究是探讨词汇量对阅读的影响，探讨词汇深度和阅读关系的研究较少。这或许是因为词汇深度测量工具的有限性②和词汇深度知识测量的复杂性③。

钱（Qian）基于 74 名中国和韩国学习者阅读英语学术文本的表现，探讨了词汇广度知识、词汇深度知识和阅读的关系。研究发现：词汇广度知识、词汇深度知识与阅读理解高度相关；词汇深度知识对阅读理解有独特的贡献，该贡献值要大于词汇广度知识的贡献。他认为在阅读表现预测方面，词汇广度和词汇深度同等重要。这一结果在随后基于来自 19 个不同母语国家的 217 名被试的测试中再次得到了验证，该测试进一步证实了词汇广度和词汇深度对阅读理解的重要性。④ 与上述研究稍有不同，李（Li）研究发现词汇深度对阅读理解的影响小于词汇广度的影响，他认为该研究结果可能受到了多义词的影响。⑤ 虽然过往研究结果略有不同，但都强调了词汇深度知识对外语学习、阅读理解产生的影响，增加词汇深度知识能够促进外语理解和表达。

---

① 罗少茜，赵海永，邢加新. 英语词汇教学［M］. 南宁：广西教育出版社，2016.

② READ J. Measuring the vocabulary knowledge of second language learners［J］. RELC journal，1988，19(2)：12-25.

③ QIAN D D. Assessing the roles of depth and breadth of vocabulary knowledge in reading comprehension［J］. Canadian modern language review，1999，56(2)：282-307.

④ QIAN D D. Investigating the relationship between vocabulary knowledge and academic reading performance：an assessment perspective［J］. Language learning，2002，52（3）：513-536.

⑤ LI J. On the relationship between the breadth and the depth of vocabulary and reading comprehension［J］. Foreign language education，2003(2)：21-24.

词汇知识是一个多维的构念，过往研究证实了词汇知识在阅读理解中的作用，但对于词汇深度知识的构念和测量等问题还需进一步研究。

（二）阅读中的词汇附带习得

词汇附带习得（incidental vocabulary acquisition）指的是在完成其他学习任务与活动（如阅读、听力、观看影视材料）时，注意力集中于语言传递的信息等方面，而非词汇本身，未进行专门学习却习得词汇知识的过程。① 在这些活动中，词汇学习不是主要目的，只是完成活动的一个手段，是整个活动的"副产品"。虽然在一次活动中不能习得全部词汇知识，但是会在无意识中慢慢积累许多词汇。

劳弗认为语言水平是影响词汇附带习得的重要因素。② 二语水平高的学习者，由于具有较丰富的词汇知识和语法知识，对语篇的加工能力也较强，因此在阅读时，能够更好地推测生词的意思并习得更多的词汇；相反，二语水平较低的学习者，由于词汇量小、语法知识匮乏、阅读篇章能力较弱，因此在阅读时，对生词意义的推测能力较弱，习得新词汇的机会也就较少。过往的实证研究亦表明，在一次阅读过程中可以附带习得一定量的包括词、形、义在内的词汇知识，尽管非常有限，但可以进入长期记忆。同时，已有的词汇知识、二语水平与阅读中的词汇知识附带习得量成正比。③

与阅读中的词汇附带习得相关的研究表明，影响二语词汇附带习得的因素主要有语篇因素和学习者因素：语篇因素包括目标词的复现频率以及语篇的结构和内容特征，如语篇题材、语篇内容或结构的复杂性；学习者因素主要指学习者的词汇知识水平和阅读能力。④ 语篇因素方面，研究表明生词复现率对词汇附带习

---

① NATION I S P. Teaching and learning vocabulary [M]. New York：Newbury House Publishers，1990.

② LAUFER B. The Lexical plight in second language reading：words you don't know, words you think you know, and words you can't guess [M]//COADY J，HUCKIN T. Second language vocabulary acquisition：a rationale for pedagogy. Cambridge，UK：Cambridge University Press，1997：20-34.

③ 王改燕. 第二语言阅读中词汇附带习得研究[M]. 北京：北京大学出版社，2013.

④ 苗丽霞. 第二语言词汇附带习得研究 30 年述评[J]. 外语教学理论与实践，2014(1)：23-29，93.

得产生积极影响，词汇在语境中多次出现有助于习得词汇。①② 学习者因素方面，王改燕发现词汇附带习得效果随着学习者词汇量的升高而变好③；鲍贵和王娟娟的研究则表明，前词汇量在不计时即时测试中对词汇附带习得有一定影响，但与词汇附带习得的整体关系并不明显。④

影响词汇附带习得的另一个重要因素是干预输入方式——注释。该类研究主要讨论几个方面：注释的数量（单项注释、多项注释）；注释的语言（一语、二语或者双语）；注释的位置（页底、页边、页内、篇章前、篇章后）；注释的形式（文字注释、图片注释、声音注释、录像注释）等。例如，在注释的数量方面，段士平和严辰松采用实验研究的方法探讨注释对词汇附带习得的影响，发现多项注释与单项注释都能促进词汇附带习得，其中多项注释的效果更加显著。⑤ 在注释的语言方面，相关研究并未得到一致的结论：曹佳学和宋娇的研究显示，英文注释对词汇附带习得产生更优的效果⑥；而王园发现中文注释更适合中等英语水平的学习者。⑦ 在注释的位置方面，武卫等比较了不同注释方式对词汇附带习得和阅读理解的影响，研究发现，注释位置对阅读理解并没有显著影响，但注释位置对词汇附带习得产生重要影响，页边注释比页底注释更利于词汇习得。⑧

---

① 龚兵. 阅读附带词汇习得中的频率效应[J]. 解放军外国语学院学报，2009，32(4)：61-66.

② 张宪，亓鲁霞. 自然阅读中的词汇附带习得研究[J]. 外语教学与研究，2009，41(4)：303-308，321.

③ 王改燕. 二语自然阅读词汇附带习得研究[J]. 解放军外国语学院学报，2009，32(5)：48-53.

④ 鲍贵，王娟娟. 前词汇量和时间对任务作用于二语词汇附带习得的制约性[J]. 现代外语，2013，36(4)：395-402，439.

⑤ 段士平，严辰松. 多项选择注释对英语词汇附带习得的作用[J]. 外语教学与研究，2004(3)：213-218.

⑥ 曹佳学，宋娇. 不同注释方式对词汇附带习得的影响[J]. 外语学刊，2014(1)：117-120.

⑦ 王园. 二语阅读中生词注释对词汇习得的影响[J]. 山东农业工程学院学报，2020，37(2)：183-184.

⑧ 武卫，周榕，许洪. 注释呈现方式对二语阅读理解和词汇附带习得的影响[J]. 外国语言文学，2012，29(4)：267-273.

阅读中的词汇附带习得是一个十分复杂的心理认知过程，受到诸多因素的影响，这一心理认知过程还需要大量的实证研究进一步探讨。但是现有研究发现，基于语篇的阅读教学在一定程度上能够促进词汇习得，具有较好的词汇知识亦能够促进阅读理解。

二、阅读教学中的词汇教学情况分析

参加第一年改进项目的 4 位教师均为八年级女性教师。项目组从 4 位教师所教班级中选取 8 位学生进行访谈，每班 2 人，共选取男生 3 位，女生 5 位。学生的学习成绩在本班属于中等程度。

(一)阅读教学开展情况

通过对教师和学生访谈，项目组了解到参加改进项目的教师阅读教学情况如下。

阅读任务：教师的英语阅读教学主要分为两部分，精读和泛读。精读主要是课上讲解教材内容；泛读主要是让学生课下自由阅读，阅读的材料类型很多，8 位学生都表示自己喜欢阅读。

阅读课堂教学：教师一般紧扣中考方向，讲授句式、句型和重点词汇。教师采取"读前—读中—读后"的固定模式。读前主要引导学生了解语篇大意、讲解故事情节；读中分析文本、讲解重点词汇和语法；读后通过让学生做题、续写等方式帮助他们深入了解文本。

自由阅读及读后任务：教师为了扩大学生的知识面、增加学生的阅读量和词汇量，一般都会让学生课下自由阅读。学生均表示谈后愿意与同学分享故事中有趣的部分，学生主要在课间与同学进行分享、交流所读内容(汉语)。

关键教师的观点与学生一致。8 位学生都认为通过大量阅读可以提高阅读理解、语言知识等测试成绩。教师也鼓励学生加强英语阅读，提升语言水平。

（二）阅读中的词汇处理

在对学生的访谈中，项目组发现他们对教师阅读课中词汇处理的观点基本一致。对于生词，教师主要是让学生练习猜词。教师一般先介绍重难点词汇，然后在讲解课文时，将词汇和语法讲解清楚。学生也提到，教师会让学生课后通过续写、复述故事等方式加强对词汇的掌握。

对教师的访谈基本验证了学生的观点。有教师谈道："阅读课上，对词汇基本不做特意的处理，主要采取'读前—读中—读后'的教学方式。读前主要介绍重难点词汇，并请学生猜测文章大意；读中就重难点句式、语法和词汇进行详细讲解；读后让学生总结、续写或复述，以此加强学生对文本的理解和词汇学习，再提供一些例子，让学生加以练习。"还有教师说："由于教学压力大、时间紧、任务重，课上还是教师讲授为主，更多的是针对中考内容进行分析、讲解，着重讲解语篇中的重点词汇、句式和语法等。"

教师的课堂教学实践也反映出教师的阅读教学理念。在一次课堂观察中，教师教授的是人教版《义务教育教科书 英语 八年级上册》Unit 4 的阅读。在讲授课文前，教师通过背景知识介绍了本文中的重难点词汇，talent、magician、prize、seriously 等，然后提出问题让学生读后回答，课下让学生通过练习进一步学习词汇。这种词汇处理方式在多大程度上能够促进学生的词汇习得，还需要进一步研究和探讨。

通过访谈和课堂观察，可以发现教师在进行词汇处理时，主要是基于语篇内容讲解词汇，注重中考词汇的考查和讲解，对词汇的复现率关注不是很充分。教师在进行词汇教学时，普遍存在词汇复现机会少、复现层次浅、复现质量低等问题，而这些问题会不利于词汇巩固，影响词汇能力提升，挫伤学生学习动力。[①]

词汇是影响外语学习，尤其是影响阅读的重要因素之一；反之，阅读亦能够促进词汇学习。本项目开展伊始，教师在阅读教学中对词汇的处理方式比较有

---

① 孙怡，陆艳艳. 高中英语单元词汇复现模式的探究与实践[J]. 中小学外语教学（中学篇），2020，43(12)：36-40.

限，还未充分调动学生的积极性，未在阅读教学中进行有效词汇教学。项目组结合样本学校的实际情况和词汇教学理论，带领教师分析和探讨阅读教学中的词汇教学策略。

三、阅读教学中的词汇教学策略

词汇是语言学习的核心，无论是母语学习还是外语学习，最好的方式就是将词汇置于真实的语境中去感知和应用。以下为结合阅读教学实际，使用"读前—读中—读后"的教学模式，介绍的几种常用词汇教学方式。

(一)读前活动

读前的核心是为阅读做准备，主要包括：背景图式的激活，话题的导入，人物的介绍，兴趣的激发和语法、策略准备，关键词汇预习等。在此过程中，可以使用多种不同方式激活学生的心理词汇图式，为阅读做好准备。

1. 联想法

联想是由当前感知的事物回想或推想起另一事物的心理认识活动，联想法就是基于某种特点，建立某一事物和其他事物之间的关系，促进单词记忆。教师可根据需要激发学生的想象力，采用联想的方式激励学生记忆单词，增加学生的词汇量，同时有助于学生对单词的归类。① 联想有很多种，在此基于语境仅举两例。

以外研社版《义务教育教科书 英语 七年级下册》Module 2 Spring Festival 为例。讲授该课前，教师可以使用词群联想法提供一个词汇使用的语境，引导学生记忆、学习春节吃的食物，以图 4-1 的方式进行展示。这种方法不仅可以帮助学生在春节的语境下梳理有关词汇，也可以帮助学生将词汇归类，并为阅读文章扫除相关的词汇障碍。教师可以引导学生说出或写出与食物有关的词汇。

---

① 罗少茜，赵海永，邢加新. 英语词汇教学[M]. 南宁：广西教育出版社，2016.

```
                        ┌──────────┐
                        │   food   │
                        └──────────┘
         ┌──────────────────┼──────────────────┐
         ↓                  ↓                  ↓
   ┌──────────┐       ┌──────────┐       ┌──────────┐
   │   meat   │       │ vegetable│       │  fruit   │
   └──────────┘       └──────────┘       └──────────┘
         ↓                  ↓                  ↓
   ┌──────────┐       ┌──────────┐       ┌──────────┐
   │  pork    │       │ carrot   │       │ apple    │
   │  mutton  │       │ pumpkin  │       │ grape    │
   │  beef    │       │ cucumber │       │ strawberry│
   │  lamb    │       │ celery   │       │ lichee   │
   │  chicken │       │ eggplant │       │ cherry   │
   │  fish    │       │ spinach  │       │ juice peach│
   │  bacon   │       │ leek     │       │ watermelon│
   │  ...     │       │ ...      │       │ ...      │
   └──────────┘       └──────────┘       └──────────┘
```

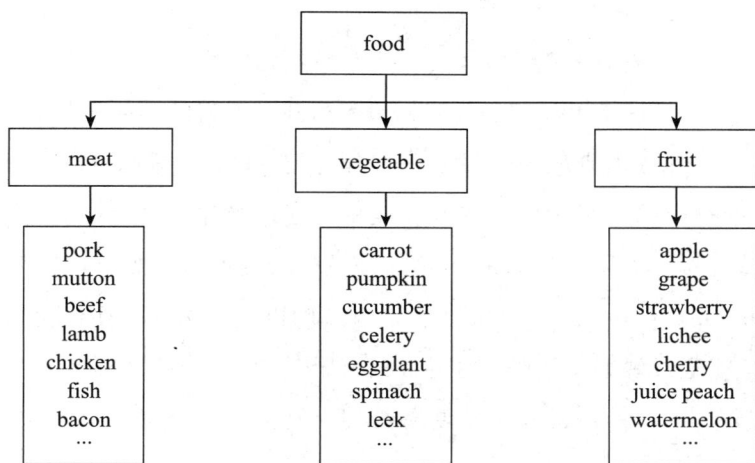

图 4-1 词群联想示意图（食物）

教师还可以提供春节聚餐的情境，让学生借助联想的方法，对描述一连串动作的词汇进行集中学习，达到加深理解和记忆的目的。如描写 eating out，可涉及的词汇如图 4-2 所示。

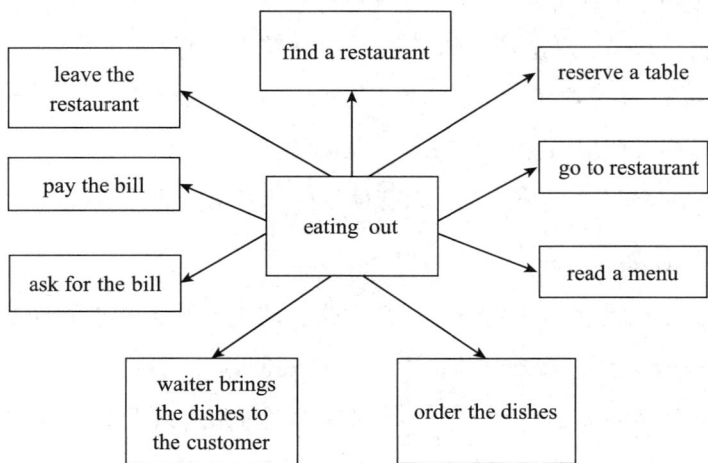

```
   ┌──────────┐    ┌──────────────┐    ┌──────────────┐
   │ leave the│    │find a        │    │reserve a table│
   │ restaurant│   │restaurant    │    └──────────────┘
   └──────────┘    └──────────────┘
                                        ┌──────────────┐
   ┌──────────┐                         │go to restaurant│
   │pay the bill│        ┌──────────┐   └──────────────┘
   └──────────┘          │eating out│
                         └──────────┘   ┌──────────────┐
   ┌──────────────┐                     │read a menu   │
   │ask for the bill│                   └──────────────┘
   └──────────────┘
        ┌──────────────┐    ┌──────────────┐
        │waiter brings │    │order the     │
        │the dishes to │    │dishes        │
        │the customer  │    └──────────────┘
        └──────────────┘
```

图 4-2 词群联想示意图（外出聚餐）

2. 图片释义

《义教课标》提出通过听、说、读、看、写，综合提升学生的语言能力。[①] 教师可借助图片，发展学生"看"的技能，从而达到学习目的。如人教版《义务教育教科书 英语 八年级下册》Unit 1 讲到了身体部位的词汇，教师可以借助图片给学生介绍，让学生在"看"中认知、感悟生词的意思。又如人教版《义务教育教科书 英语 七年级上册》Unit 2 Section A 第一个教学活动（1a），要求学生将左侧单词 mother、father、parents、brothers 等，与右侧以字母为序号的图片进行匹配，目的是使学生通过观察主题情境图中的人物形象来学习有关家庭成员称呼的单词。在此活动中，学生虽然没有阅读课文，但是可以通过图片信息进行词汇学习。

3. 话题导入

话题导入指的是教师在讲解文本之前，依据文本内容，给学生提供相关背景介绍，引导学生围绕话题学习相关词汇。教师可以依据文本中的生词，有意识地引导学生学习。

例如，外研社版《义务教育教科书 英语 七年级上册》Module 4 的主题是 Healthy food。教师可以采用设问的方式引导学生：What do you eat and drink every day? 可能的答案有 candy、coke、fish、hamburger、ice cream、noodles、rice 等，教师亦可使用图片进行展示。此问题不仅可以为引导学生进一步思考"哪些食物是健康的"作铺垫，也可以帮助学生学习相关的英语单词。

(二)读中活动

读中活动是阅读教学的核心。从具体信息的识别，到推理判断能力的培养，再到对各种逻辑关系、篇章结构的分析，涉及阅读能力中的知识层面、理解层面、分析层面。就词汇教学而言，在该过程中，教师可以借助文本语境培养学生词汇学习策略，帮助学生学习、记忆更多的词汇。在此过程中可采用的方法因人而异，本章仅介绍几种常用范式。

---

① 中华人民共和国教育部. 义务教育英语课程标准：2022 年版[S]. 北京：北京师范大学出版社，2022.

1. 信号词

信号词可以以不同形式呈现，如通过下定义、定语从句、过去分词作定语、同位语等形式。常用信号词有 that is、or、in other words、namely、that is to say、put it in another way 等。标点符号（逗号、破折号、括号等）也可以充当信号词。充分利用信号词，能够帮助学生在语境中掌握新的词汇。例如以下两个句子分别使用了逗号和信号词 or：

（1）The herdsman，who looks after sheep，earns about 650 yuan a year.

（2）The surface of Africa consists mainly of plateaus，or large flat areas high above sea level，although these occur at different levels.

上述两个例句中的 herdsman 和 plateau 均为生词，但是学生可以依据其后面定语从句、同位语成分判断单词的意思。

2. 上下文语境

在阅读教学中，教师可以引导学生依据上下文语境，判定某一个生词的意思。这不仅是一种阅读技巧，也是一种词汇学习的方法，能够帮助学生顺畅地阅读。

例：I am fond of my sister but she has one serious shortcoming. She can be really stubborn. Although she didn't know the best way of getting to places, she insisted that she organized the trip properly.

What does the word "stubborn" mean in this part?

A. strong-willed　　　B. kind　　　C. difficult to move　　　D. friendly

虽然在该段中 stubborn 是生词，但是根据前后句所在的语境以及 shortcoming、didn't know、organized the trip properly 等词，可以推测该词的意思为 A。

3. 阅读圈活动

阅读圈是以学生为主导、以小组为单位进行阅读分享和讨论的活动。[①] 当阅读圈作为阅读教学任务时，学生通常被分为不同小组，每组成员担任不同角色，

---

① SHELTON-STRONG S J. Literature circles in ELT[J]. ELT journal，2012，66（2）：214-223.

先独立阅读指定的语篇，完成承担的角色任务，然后进行小组讨论、班级分享。就词汇学习而言，教师可以让学生通过单独思考、小组讨论、班级分享的形式鉴赏词汇，挑选语篇中的好词、关键词、难词，并解释选择的原因。该方式能够加深学生对词汇的理解和运用，并能够达到提升学生核心素养的目的。

4. 整合单元话题词汇

教师可以依据语篇内容，根据语篇内在的话题语义联系，将目标词汇按单元子话题重新归类组合。这样每个词汇项目都将带有话题功能，学生可以清楚地看到该词汇项目可以用来表达哪个话题语义，在不同课时的输入和输出活动中反复接触并使用目标词汇项目。孙怡和陆艳艳以沪外教版《普通高中教科书 英语 必修第一册》Unit 3 关于旅行的主题为例，打破语篇限制，依据主题将该单元的生词分配到不同子话题中（如表 4-2 所示）。① 这样的处理方式可以让词汇跟着话题走，为下一步词汇在语境中的复现提供基础。

表 4-2　Unit 3 词汇整合表

旅行目的地	景点：tourist attractions, Christmas decorations, wonderful relics, political life, outdoor theatre, ruins of buildings, fascinating temples, study the masterpieces, famous sculptures, ceiling 专有名词：Roman Forum, Coliseum, Renaissance, Vatican City, Sistine Chapel, Michelangelo, Amsterdam
旅行经历	食物：good in quality, make an effort to find restaurants, popular meals of the region, pasta, onion, bacon 购物：luxury stores, in my price range, a perfect opportunity to buy …, sparkly decoration, take a look at the souvenirs 其他：listen to vodcast, witness what humans have built, participate in a student exchange program
旅行情感	feel fascinated, so breathtaking that I can't tear my eyes away from it, prefer, sincere

---

① 孙怡，陆艳艳. 高中英语单元词汇复现模式的探究与实践[J]. 中小学外语教学（中学篇），2020，43(12)：36-40.

续表

旅行准备	airline, enquire about luggage regulations, charge a fee for extra bags, analyze the world, the amount of money, factor, cost determines one's experience, exchange money, budget
旅行意义	how blessed you are, experience life to the fullest, incredible beauty, sincere, stay rooted in the practical, maintain your travel dreams, process information
旅行困难	irrelevant to your needs, overcome obstacles, a setback won't prevent you from reaching your dreams, chart a course ahead, help with family finance

这种教学设计可以整合单元主题词汇，将词汇教学与课堂教学活动结合起来，提高课堂教学中的词汇复现率。在教学中，教师可以依据主题内容设计不同难度、不同层次的任务活动，在提高词汇复现率的同时，引导学生在不同难度的任务中使用不同的词汇，或者不同的词汇含义，以此提升学生对词汇深度知识的掌握。

除了此处介绍的方法，教师还可以培养学生通过词根词缀知识学习、示例学习、运用词典工具等方式在阅读中学习词汇。

（三）读后活动

读后活动一般侧重知识的综合应用，也是对所学语篇的巩固和加强，教师可以结合多种读后活动帮助学生加强对词汇的掌握。可采用的读后活动有读后复述、用所学词汇编撰故事、用所学词汇造句、故事续写，或有针对性的词汇练习。可采取的活动不拘泥于某一种，只要能够帮助学生拓展所学知识、强化词汇掌握即可，读后活动有助于促进学生对词汇深度知识的掌握。在此仅列举几种读后活动作为参考。

1. 遣词造句

遣词造句是要求学生基于学过的语篇，运用所学词汇填写句子或者造句，主要考查学生对语篇的理解和词汇的运用。如在人教版《义务教育教科书 英语 八年级上册》Unit 7 中，当学完语篇"Do you think you will have your own robot?"后，可采取下列活动，考查学生对语篇和单词的理解。

例：After reading the passage，complete the sentences about what robots can do now.

Robots can build_____ in factories. They can do _____ jobs many times and never get bored. Some robots can _____ and _____. Some robots can help people _____.

2. 短文编写/完形填空

语篇学习之后，教师可以给出文中关键词汇、难点词汇等，让学生依据这些词汇编写故事；或是提供改编好的故事，让学生依据所学语篇和单词进行填空；也可以将所需要填写的单词放入 word bank 中，让学生选择填入。例如，学完语篇"Do you think you will have your own robot?"后，可采取下列活动，考查学生对语篇和单词的理解。

例：Fill in the blanks with words from the article.

Some robots are very human-like. They can walk and_____ like people. Some scientists think that in the future they will _____ robots more like humans. This may not _____ in the near future，but at some point，robots will even be able to _____ like people. However，some scientists _____. James White believes that robots will not be able to do the _____ things as we can. For example，he thinks robots will _____be able to wake up and know where they are. Which side do you _____ with?

3. 英—英释义

英—英释义活动需要学生依据所给英文解释，写出或选出对应的词汇，该活动可帮助学生理解所学词汇。活动选择的词汇最好都属于同一个范畴，给学生提供一个完整的语境。《义教课标》详细列举了初中阶段所涉及的语篇类型，工具书是其中之一。培养学生运用工具书进行词汇学习是初中教学的一个重点，英—英释义活动可以培养学生此种能力。如人教版《义务教育教科书 英语 九年级全一册》Unit 3 主要对地点进行讨论，教师可利用该单元主题内容，通过英—英释义活动，帮助学生进一步理解和掌握与地点有关的词汇。

例：

> post office　department store　bank　bookstore　restaurant　library

（1）a place where people can keep their money

（2）a place where books are sold

（3）a place which sells many different kinds of goods

（4）a place where you can buy and eat a meal

（5）a place where things such as books，newspapers，CDs are kept for people to read，study or borrow

（6）a place where you can buy stamps，send letter，etc.

除此处举例的几种方法外，教师还可以设计不同的活动、设置不同情境、布置不同难度的课后任务，促使学生运用所学词汇，提高词汇复现率，加强学生对词汇知识的掌握。

四、阅读教学中的词汇教学实践

在介绍了词汇知识、分析了阅读词汇教学情况和常用词汇教学策略后，以外研社版《义务教育教科书 英语 八年级下册》Module 1 Unit 2 I feel nervous when I speak Chinese 为例，呈现一个完整的阅读词汇教学案例。

（一）教材内容分析

What	语篇主题 语篇内容	语篇主题：人与自我—生活与学习。 语篇内容：本模块以"感觉与印象"为话题，语篇内容主要是谈论感觉、评论以及对人的印象等。学生可以通过语篇了解表达感觉和知觉的系动词的用法，了解英国女孩 Sally 的情感态度和喜好。
Why	主题意义 价值取向	主题意义：学习讨论、表达对人和事物的印象与感觉。 价值取向：提升学生情感表达能力。
How	文本特征 内容结构 语言特点	本语篇是一篇应用文，以邮件的形式，讨论自己的外形、爱好和担忧。 语篇结构清晰，句型简明扼要，适合阅读和仿写。

(二)学习目标

通过本课学习，学生能够：

1. 获取关于 Sally 的外貌、爱好、来中国的感受的相关信息，感知形容词用于描述的功能。

2. 通过 Lingling 的视角向父母介绍朋友 Sally 的相关信息，以及她对来中国的感受。

3. 运用所学词汇和表达描述自己的外貌，表达自己对某个地方或事件的感受和印象。

(三)教学过程

Step 1: Warm-up and lead-in（5 minutes）

1. Students work in groups and fill in the table with verbs and adjectives，then describe pictures with the words.

Ear	sound	quiet…
Eye		
Hand		
Mouth		
Nose		

2. Check students' understanding about adjectives：what do we use adjectives for?

3. Set the scene：

Lingling's friend Sally is going to China. How does she look like and feel about going to China? Let's read and learn about Sally.

Step 2: Before reading（3 minutes）

4. Students work in pairs to describe the girls in two pictures，using the words in the box.

> glasses   jeans   long   nervous   fair   pretty
> proud   short   stranger   tall   young

Step 3：While reading（15 minutes）

5. Read Sally's email and find her picture in Activity 4.

6. Pair work：Describe Sally with words and expressions learned in the text.

7. Answer the questions and underline the answers in the text.

How does Sally feel when she…

（1）gets bad marks at school?

（2）leaves her mum and dad?

（3）is with strangers?

（4）speaks Chinese?

（5）does not know how to do things in the right way?

（6）travels by plane?

Step 4：Post reading（18 minutes）

8. What kind of girl is Sally? Are you similar to her? Why or why not?

9. Pair work：Suppose you are Lingling. You are very excited about Sally's arrival. In order to persuade your parents to have Sally live in your flat，you are introducing her to parents.

10. Pair work：Describe yourself to your pen friend. Say：

（1）what you look like

（2）what your hobbies are

（3）how you feel when…

Step 5：Summary and homework（5 minutes）

11. Sort out vocabulary.

How you look like	short…
What you like doing	spend a lot of time playing classical music…
How you feel	I feel a bit sad when I…

12. Write a message to your pen friend.

【本章小结】

本章介绍了"读前—读中—读后"词汇教学活动模式：在读前集中强化词汇，读中运用语境扩充词汇深度知识，读后强化和巩固词汇的使用。通过不同难度和情境的任务，提高词汇复现率，提升学生的词汇附带习得。在改进项目实施过程中，教师在课堂上运用此模式进行阅读教学，学生的词汇学习效果在一定程度上得到了提升。本章仅举部分示例，教师可依据《义教课标》要求，根据学情和教学实际，使用恰当的教学方式进行阅读和词汇教学。

第五章　指向思维品质培养的阅读教学实践

【本章提要】

思维品质是所有学习活动的基础，也决定着语言学习的高度。提升思维品质是培养核心素养的要求，也是教学改进项目的目标之一，即通过改进读写教学中思维品质培养方式来培养学生的思维能力和语言能力。本章介绍思维品质的内涵、构成和"为思而教"的途径，通过课例来说明如何以思维品质为目标进行阅读教学设计，最后展示和评价由参与工作坊的30人读写教学研修团队完成的指向思维品质培养的阅读教学设计。

一、关于思维品质

(一)思维品质的内涵

思维品质指人的思维个性特征，反映学生在理解、分析、比较、推断、批判、评价、创造等方面的层次和水平。思维品质的提升有助于学生学会发现问题、分析问题和解决问题，对事物作出正确的价值判断。① 思维品质的重要性得到全球教育家的公认，全球500多位教育家列举出的最重要的教育目标清单显示，"发展学生的逻辑思维能力"居16项教育目标中的第二位。② 提升思维品质也是落实核心素养的需要。中国学生发展核心素养总体框架包括3个发展领域、6大核心素养、18个基本要点，其中与思维相关的基本要点有5个，占27.8%。这5个基本要点包括理性思维、批判质疑、乐学善学、勤于反思、问题解决。③《义教课标》提出英语课程要培养的学生核心素养包括语言能力、思维品质、学习

① 中华人民共和国教育部. 义务教育英语课程标准：2022年版[S]. 北京：北京师范大学出版社，2022.

②③ 黄远振. 英语为思而教：从"必须"走向"可能"[J]. 中小学外语教学(中学篇)，2017，40(7)：1-6.

能力和文化意识四个方面，语言能力是核心素养的基础要素，文化意识体现核心素养的价值取向，思维品质反映核心素养的心智特征，学习能力是核心素养发展的关键要素。核心素养的四个方面相互渗透，融合互动，协同发展。学生应通过英语课程学习来提升思维品质，在语言学习中发展思维，在思维发展中推进语言学习；初步从多角度观察和认识世界、看待事物，有理有据、有条理地表达观点；逐步发展逻辑思维、辩证思维和创新思维，使思维体现一定的敏捷性、灵活性、创造性、批判性和深刻性。①

从思维内容看，思维品质包含了一个以逻辑性为起点、批判性为过渡、创新性为终点的三维立体化结构体系。② "三维"思维技能（逻辑性思维技能、批判性思维技能、创新性思维技能）是实现思维品质目标的重要突破口，而语篇则是思维品质培养的重要载体。③

1. 逻辑性思维

分析综合：把整体分成部分，把复杂事物分解为简单要素，把过程分解为片段，把动态作为静态来研究。

分类比较：分类是根据研究对象的共同点和相异性，将其区分为不同的类型；比较是确定研究对象之间存在差异性和同一性的思维方式，应该满足同一性、多变性和可比性三个条件。

归纳演绎：归纳是从个别或特殊的经验事实出发，推出一般性原理或原则；演绎是从一般性知识前提出发，得出个别性或特殊性知识的结论。

抽象概括：抽象是思维的成果，也是思维的方法，指抽取对象和现象之间的本质属性或规律，形成概念；概括是把各种事物抽象出来的共同特征联合起来。抽象是概括的反映，概括是抽象的结果。

---

① 中华人民共和国教育部. 义务教育英语课程标准：2022 年版[S]. 北京：北京师范大学出版社，2022.

② 黄远振，兰春寿，黄睿. 为思而教：英语教育价值取向及实施策略[J]. 课程·教材·教法，2014，34(4)：63-69.

③ 胡洁元. 高中英语阅读教学中培养学生思维品质的策略[J]. 中小学外语教学（中学篇），2018，41(9)：22-27.

2. 批判性思维

判断推理：判断是对事物或命题作出正确的判断，或进行有理据的思辨；推理是根据已知，推导出一个未知的结论。

质疑解疑：质疑是发现问题、提出问题；解疑是发现问题或问题生成后展开的思疑、辨疑、释疑等一系列活动。

求同辨异：求同是聚合或收敛思维，指为解决问题朝某一方向思考，最终得出最佳结论或解决办法；辨异是发散思维，指为解决问题不拘泥于单一途径或方法。

评价预测：评价是为了某种目的，对观念、作品、答案、方法和资料价值等作出逻辑评判；预测是根据已有的价值判断，对新的或未知的信息作出推测。

3. 创新性思维

纵横思维：纵向思维是在某一问题结构范围内，按照由低到高、由浅入深、由始到终的顺序，深入探究、把握事物发展动态；横向思维是突破问题的结构范围，扩大思维广度并产生新的设想的思维方式。

联想想象：联想是由一个事物触发而想到另一事物的思维活动；想象是以表象为基础，通过联系，在原有基础上重新加工而形成新的形象。

隐喻通感：隐喻是用一种事物来认识、理解、思考和表达另一种事物的认知能力；通感是由一种感觉引发，并超越这种感觉的局限，领会到另一种感觉的心理现象。

模仿创生：模仿是根据已有的思维模式来模仿认识未知事物；创生是创造性生成语言思维产品的过程。

(二)思维品质的层次

思维品质的层次可以参考布卢姆（Bloom）的认知能力目标，从识记、理解、应用、分析、评价到创造。其中，识记、理解、应用为低层次思维，分析、评价和创造为高层次思维。从英语学科能力来看，在学习理解、实践运用、迁移创新三类能力要素中（见表5-1），包含了不同类型的思维品质。例如：提取概括、分析论证与逻辑性思维相关；推理判断、批判评价与批判性思维相关；而描述阐释、整合运用、预测想象与创新性思维相关。因此，培养学科能力的过程就是思维品质发展的过程。① 英语教学应把语言学习和思维活动结合起来。英语教学的主要任务不是积累知识，而是学思结合、发展思维，要防止仅仅依靠死记硬背来学语言的现象。②

表 5-1　英语学科能力与思维品质

英语学科一级能力要素	英语学科二级能力要素
学习理解	感知注意
	记忆检索
	提取概括
实践运用	描述阐释
	分析论证
	整合运用
迁移创新	推理判断
	预测想象
	批判评价

(三)思维品质发展目标

将思维品质的内容落实到英语教学中，可以概括为三个方面：观察与辨析、归纳与推断、批判与创新。《义教课标》对 7～9 年级思维品质学段目标进行了明确说明，如表 5-2 所示。③

表 5-2　思维品质学段目标(7～9 年级/三级)

观察与辨析	•能发现语篇中事件的发展和变化，辨识信息之间的相关性，把握语篇的整体意义； •能辨识语篇中的衔接手段，判断句子之间、段落之间的逻辑关系； •能发现同类型语篇的相似之处和不同类型语篇的结构特征； •能多角度、辩证地看待事物和分析问题。

---

① 陈则航，李晓芳. 写作任务对中学生思辨技能表现的影响[J]. 中小学外语教学(中学篇)，2018，41(2)：12-17.

② 邹为诚. 大咖来了之邹为诚篇(上)[J]. 英语学习(教师版)，2017(1)：12-16.

③ 中华人民共和国教育部. 义务教育英语课程标准：2022 年版[S]. 北京：北京师范大学出版社，2022.

归纳与推断	• 能提取、整理、概括稍长语篇的关键信息、主要内容、思想和观点，判断各种信息的异同和关联； • 能根据语篇推断人物的心理、行为动机等，推断信息之间简单的逻辑关系； • 能从不同角度解读语篇，推断语篇的深层含义，作出正确的价值判断。
批判与创新	• 能针对语篇的内容或观点进行合理质疑； • 能依据不同信息进行独立思考，评价语篇的内容和作者的观点，说明理由； • 能根据语篇内容或所给条件进行改编或创编。

思维品质培养需要依托语篇进行，思维活动的对象是词汇、句子、段落，是语篇的内容和信息，可以是单一语篇，也可以是多个语篇。英语教学中思维品质培养的目标是语言和思维的共同发展。

二、阅读教学中思维品质培养主要问题分析

(一)主要问题

1. 目标定位不高

很多教师的教学目标局限于语言知识、语言技能，较少涉及情感态度、文化意识或学习策略，全然不顾学生思维品质的提升。[①] 教师在阅读教学中聚焦单词、短语和句型等知识点，仅梳理文本的浅层含义，甚至先带领学生学习这些知识点，然后再进行文本阅读和内容的理解(称已经扫清了阅读的障碍)。

2. 思维教学的意识淡薄

目前的阅读教学大多只注重获取文本信息，而没有引导学生运用分析、质疑、批判、解释等思维技能对文本进行深层的理解和思考。中小学英语阅读教学的内容仍局限于语言、词汇、语法知识等，许多教师仅训练学生扫读、略读等阅

---

① 鲍闽芳. 促进深度学习的初中英语阅读教学策略[J]. 中小学外语教学(中学篇)，2020，43(2)：12-17.

读微技能，并没有很好地依托学科内容，教授语篇的深层寓意。这样的教学并不能称为真正的阅读教学，很难实现学生阅读素养培养目标。①

3. 模式化的阅读浅层教学

在浅层教学中，教师习惯于引导学生读前预测内容，读中略读知大意、扫读找细节、细读理解词句，读后学习语言知识和复述课文。课堂提问侧重于记忆、理解等低阶思维层次的问题，鲜有分析、评价、生成、创造等高阶思维层次的问题。教师重视单向讲授，轻视与学生的思维互动；重视学生的答案，很少有追问或者询问为何如此的"循证"过程。教学中思维导图多用于信息的梳理，较少涉及分析、对比、归纳、演绎等高阶思维技能。教学设计注重"学习理解"环节，但很多是要求学生直接找信息，不注重整合、梳理等过程，对"应用实践"环节则更不注重。另外，很多教师的英语阅读教学多是让学生做阅读题，写读书报告。在这样的阅读训练下，学生非但不能提高阅读能力，反而丧失了阅读英语材料的能力和兴趣。②

(二)问题产生原因

1. 对于思维品质的认识不足

造成上述问题的原因之一是教师不太了解思维的概念、结构、分类、功能等方面的知识，在思维教学中采用贴标签的方式，如设置"培养思维能力""提高思辨能力""发展思维品格"等目标，而在实际教学中培养什么思维能力、提高哪些思辨能力、发展何种思维品格，却未有效触及。至于如何设置逻辑性思维问题、如何组织批判性思维活动、如何设计创新性思维任务，也缺乏明确的指向性，导致思维教学落不到实处。③

---

① 王蔷. 核心素养背景下英语阅读教学：问题、原则、目标与路径[J]. 英语学习(教师版)，2017(2)：19-23.

② 关亚欣，罗少茜. 小学低年级英语持续默读的行动研究[J]. 中小学外语教学(小学篇)，2016，39(2)：53-56.

③ 黄远振. 英语为思而教：从"必须"走向"可能"[J]. 中小学外语教学(中学篇)，2017，40(7)：1-6.

2. 对于学习的认知不足

在目前的阅读教学中，学生对阅读的理解大多局限于表层信息的获取以及零碎的主题判断，停留在语义的理解和文章的细节辨析上，忽视对文章的深度理解、分析和评价。这样的教学无法做到将语言学习与思维发展有机结合。学习就是和现实对质、和他人对质，学习就是自我表达，学习就是辩论。①

3. 对于阅读教学的认知不足

培养学生成为"eager reader，smart reader，critical reader"是阅读教学的重点。长期以来，教师秉持"skim"（略读）、"scan"（寻读）的原则，并以此评价学生是否围绕文本进行有效阅读。然而，学生若是被功利性的 skim 和 scan"绑架"，不仅会减少对新知识探究的冲动，进而减少学习动力，更会因此缺少对文本完整的学习和理解。"支离破碎"的功利性学习无疑有违学生的认知规律，阻碍学生对文本的赏析，难以让学生从阅读中获得乐趣和满足感。②

教学应以思维为导向，要实现对文本的深入理解和批判性阅读，需要学生进行对比分析、推理论证、创造想象、批判评价等高层次的思维活动。③ 教师不应"满堂灌"，而要通过科学的教学设计、高效的活动组织、及时的指导帮助，以及合理的评价反馈来促使学生自主阅读、思考和表达。过度追求所谓"效率"的片面做法，只会扼杀学生的阅读兴趣，违背学生的自然认知规律，让学生失去学习良机。

三、阅读教学中思维品质培养的策略

（一）实施理念

1. 以转变教师角色为前提

教师的传统角色是教学执行者，在这一角色中，教师往往会忽视学生学习的

---

① 焦尔当. 学习的本质[M]. 杭零，译. 上海：华东师范大学出版社，2015.

② 谢忠平. 中学英语阅读课程与教学[M]. 上海：华东师范大学出版社，2017.

③ 罗少茜，张华清. 新版高中英语教材中文学作品的教学方法探讨[J]. 中小学外语教学（中学篇），2020，43(3)：35-39.

过程。但是，教师教了不等于学生学了，教师的重点应转到学生的学习上，成为学习设计师，通过设计预习单、学习单、作业单等导学工具来规划学生的学习，考虑涉及何种学习策略和思维活动，考虑如何组织学习。设计学习单可以从三种角度出发：首先，从认知角度引导学生进行理解和分析，侧重文本信息的梳理、整合和分析；其次，从自我角度引导学生认识主题意义，以学生自己的解析为主；最后，从人际角度引导学生进行交流互动，使学生能彼此倾听、共同探索、合作学习。教师还应该是课程创造者，能分析学习需求、设计课程、制订目标、选择材料、规划实施方法。①

2. 以深度解读文本为基础

解析文本可以从内容、意图和结构三个角度进行：内容分析聚焦语篇的核心思想和语篇所涉及的各种事物、事态、动作和过程，回答"What is the passage about? "的问题；意图分析关注作者对主题内容所持的态度以及由此建构的作者—读者关系，回答"What's the purpose of the passage? "的问题；结构分析则聚焦主题内容的呈现方式，涉及语篇中信息的展开方式和信息之间的联系，回答"How is the information organized? "的问题。所有分析都必须以语篇中的语言表达为落脚点。② 在此基础上，教师挖掘语篇中与思维品质有关的教学内容，设计问题和活动，有针对性地培养学生思维的逻辑性、批判性和创新性。③

3. 以设置可检测的目标为导向

教案要变成"学历案"，设定可检测的目标，将学生是否学会作为关注点。④ 在阅读教学中，教师要厘清期望学生通过阅读学习达成什么目标，设计达成目标的学习历程，最后通过交流展示来输出。至于具体的目标，需要以深度解读文本为前提，从观察与辨析、归纳与推断、批判与创新三个方面来设定（见表 5-2）。

---

① 陈静静. 学习共同体：走向深度学习[M]. 上海：华东师范大学出版社，2020.

② 苗兴伟，罗少茜. 基于语篇分析的阅读圈活动设计与实施[J]. 中小学外语教学(中学篇)，2020，43(9)：1-5.

③ 王健. 在英语阅读中培养学生的思维品质[J]. 中小学外语教学(中学篇)，2020，43(7)：24-29.

④ 卢明，崔允漷. 教案的革命：基于课程标准的学历案[M]. 上海：华东师范大学出版社，2016.

目标设定可采用"ABCD"模式：

A 对象(audience)——写明教学对象；

B 行为(behavior)——在学习后，学习者应能展示的行为；

C 条件(condition)——上述行为在什么条件下产生；

D 程度(degree)——规定上述行为合格的标准和程度。

比较下列两种学习目标，可以发现目标 a 太泛化，没有明确说明学生能做什么以及合格的标准和程度；目标 b 更明确，更有利于对目标达成度的判断。

• 目标 a——本节课中，学生应能够：

(1)理解一些生词和获取文章主旨大意；

(2)分析总结文章的结构；

(3)培养合作精神。

• 目标 b——本节课中，学生应能够：

(1)通过阅读获取信息，如人员、时间、经历等；

(2)借助思维导图来梳理、概括主人公遇到的困难和克服困难的办法，形成结构化的知识；

(3)运用本课语言，描述主人公遇到的困难和克服困难的办法，分析、推断克服困难的原因；

(4)分析、评价主人公的行为和观点，采访主人公后写一个评论。

4. 以主题意义探究为线

思维品质培养并非单独进行，而要融入主题意义探究的过程中。所有的学习活动都应服务于主题意义的探究，学生在此过程中学习和掌握语言。首先，应通过文本解读确定主题意义，例如，在人教版《义务教育教科书 英语 八年级上册》Unit 7 Will people have robots? Section B Reading 中，主题意义可以解读为"畅想未来机器人，激发和满足学生对未知的好奇"。为探究主题意义，学生需要提取关于机器人现状的信息，获取人们对机器人的观点，辨析"Will robots think like human?"(逻辑性思维)，在了解现状的基础上，想象机器人的未来"What will robots be like in the future?"(逻辑性思维，创新性思维)。在主题意义探究过程中，学生在教师的引导下分析语篇的组织形式、写作手法、语言形式和修辞方式，同时探究围绕主题的语言发展，接触语言、理解语言、内化语言，最后表达语言。主题意义探究过程如图 5-1 所示。

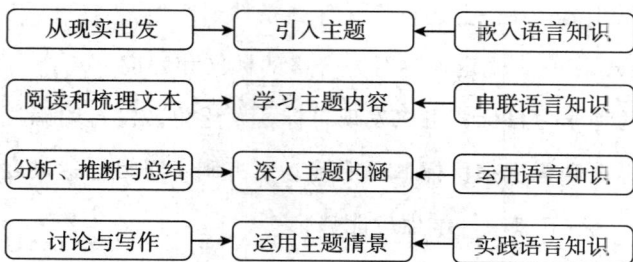

```
从现实出发    →   引入主题    ←   嵌入语言知识

阅读和梳理文本  →  学习主题内容   ←   串联语言知识

分析、推断与总结 →  深入主题内涵   ←   运用语言知识

讨论与写作    →   运用主题情景   ←   实践语言知识
```

图 5-1　主题意义探究过程

（二）实施策略

1. 依托文本内容，设计发展逻辑性思维的活动

逻辑性思维是指人在认识过程中借助概念、判断、推理反映现实的思维方式，它以抽象性为特征，揭示事物的本质。[①] 包括分析综合、分类比较、归纳演绎、抽象概括等内容。依托于语篇，可以实施语篇分析，培养分类比较的思维技能；分析语篇主线，培养分析综合的思维技能；理解语篇整体，培养抽象概括的思维技能；深入语篇内涵，培养归纳演绎的思维技能。[②] 以人教版《义务教育教科书 英语 八年级上册》Unit 4 Section B Reading "Who's got talent?" 为例，逻辑性思维活动可以包括：

（1）What is the passage about? ——培养抽象概括的思维技能；

（2）What do talent shows have in common? ——培养归纳演绎的思维技能；

（3）Why do some people like these shows? But some don't? ——培养分析综合的思维技能。

---

① 中国社会科学院语言研究所词典编辑室. 现代汉语词典：2002 年增补本[M]. 北京：商务印书馆，2002.

② 胡洁元. 高中英语阅读教学中培养学生思维品质的策略[J]. 中小学外语教学（中学篇），2018，41(9)：22-27.

让学生从语篇整体出发，通过挖掘信息间的逻辑关联，揭示事物的本质属性。抽象概括的思维技能可以使学生在阅读时养成深入解读信息的思维习惯，并拓展其思路，为发展批判性思维能力奠定基础。①

2. 审辨文本观点，设计发展批判性思维的活动

批判并不是读者一味地进行批评或持反对意见，而是要区别对待正确和错误、有用和无用的观点。批判性思维强调理性思考，要善于提出疑问，而不应不假思索地按照自己的主观判断接受所有的信息。② 推断言外之意，培养判断推理的思维技能；辨析文中观点，培养求同辨异的思维技能；超越文本内容，培养质疑评价的思维技能。同样以"Who's got talent?"为例，可以设计以下问题：

（1）Why do people have talent shows? ——挖掘信息背后的深层内涵，理解talent show 的意义，培养判断推理的思维技能；

（2）Talent shows give people a way to make their dreams come true. Do you agree with it? ——辨析文中观点，培养求同辨异的思维技能；

（3）What do you think of the talent shows? ——超越文本内容，培养质疑评价的思维技能。

3. 强调语言运用，设计发展创新性思维的活动

创新思维是思维的一种表现形式，是创造活动中一种高阶思维模式。③ 学生只有具备了逻辑性和批判性思维的能力，才能真正在语言运用和解决问题的过程中实现创新。④教师要深入提炼语篇特征，引导学生从语篇文体、语言、文化意义等多个角度开展模仿创生、联想想象等学习活动，培养创新意识。⑤可以开展读后写作，培养模仿创生的思维技能；组织话题讨论，培养联想想象的思维技能；开展角色讲述，培养隐喻通感的思维技能。以"Do you think you will have

---

①⑤　胡洁元. 高中英语阅读教学中培养学生思维品质的策略［J］. 中小学外语教学（中学篇），2018，41（9）：22-27.

②④　梅德明，王蔷. 普通高中英语课程标准（2017 年版）解读［M］. 北京：高等教育出版社，2018.

③　田金茹. 中学英语教学中学生创新思维能力的培养［J］. 教育教学论坛，2012（S2）：76-77.

your own robot?"语篇为例，可以设置以下活动培养创新性思维：

（1）What do future robots look like? What will they be able to do? Write a passage to express your idea.——读后写作，培养模仿创生的思维技能；

（2）Do you think robots will replace human beings in the future? Discuss in groups.——话题讨论，培养联想想象的思维技能；

（3）If you were a robot，what do you want to say to your owner? ——角色讲述，培养隐喻通感的思维技能。

四、指向思维品质培养的阅读教学实践

讲座交流后，项目组组织了工作坊活动，继续对思维品质培养的案例进行了讨论，组织固定参与教师学习。参与工作坊的教师分成五个小组，以小组为单位对人教版《义务教育教科书 英语 八年级上册》Unit 10 Reading 的课文进行指向思维品质培养的阅读教学设计，项目组现场进行点评。整体来看，教师对思维品质的认识比较明确，能识别目标或活动的思维层次，能设置指向思维品质的学习目标和教学活动。

课文的主要内容是讨论青少年遇到问题该如何处理，以两名青少年（Laura 和 Robert Hunt）的经历为例，说明青少年遇到问题应该与他人交流。从小组教学设计来看（见表 5-3 至表 5-7），五个小组都能设计出具有明确思维层次的阅读教学活动。例如，第三组着眼于逻辑性思维，学习活动设计为在思维导图的基础上按"问题—对策—结果"的方式复述 Laura 的经历；着眼于批判性思维，让学生对课文中出现的人物 Laura、Laura's parents、Robert Hunt、the writer 进行辨析，找出主要人物；着眼于创新性思维，要求学生对树洞中的问题给出解决方案。第四组先着眼于逻辑性思维，设计表格，让学生对比 Laura 说出问题前后的感觉、结果和看法，再着眼于批判性思维，让学生思考如果 Laura 没有说出自己的问题，结果如何。接下来，进一步对学生提问：Do you agree with the expert? Who else can you go to for help? What else can we do to solve problems? 最后，要求学生选择 problem box 中的一个问题，给出三条解决建议。其他三组的教学

设计虽然不如这两组详细，但都能有意识地为学习目标和活动设置思维层次，同样令人欣喜。

但是，在有限的时间内，有的小组在设计中也出现了思维含量不高的活动。例如第二组在批判评价活动中提出了"Worries and problems are normal in life. What do you think of it? "这一问题，并非对所读内容的批判评价，与学生生活关系不密切，问题与回答皆不明确。第五组通过让学生看视频引入话题后，要求学生速读课文，找出表达文章主旨的句子，而实际上，主旨句在文中并未明显给出；随后又要求学生看图片回答问题，最后告知学生主题。这一组的教学设计没有体现学生的深入阅读，对思维品质的把握出现了偏差。总体来说，在有限的时间内，参与工作坊的教师能解读文本，提取主题意义，并将思维活动蕴含于学习活动中，设计学习单来指导学习，思维品质教学培训初见成效。

表 5-3　第一组教学设计①

Learning objectives	1. Read，discuss and summarize ordinary problems and worries. 提取概括 2. Read and analyze how to solve problems and worries. 分析论证 3. Give advice to your ordinary problems and worries. 整合运用，预测想象
Teaching procedure	Step 1: Lead-in Do you have problems or worries in your life? What are they? 学习任务单　　Problems 1. _____ 　　　　　　　　　　　2. _____ 　　　　　　　　　　　3. _____ Step 2: There is a girl, Laura, having some problems. Look at the picture, what happened to Laura? What's their relationship?

①　表 5-3 至表 5-7 展示的教学设计均为参加工作坊的教师现场产出的原稿内容，除格式以外无删改。

续表

Teaching procedure	Step 3: Let's read and find out what happened to Laura. What's her problem? Why didn't Laura want to tell her parents at first? How does she solve it at first? Do you think that's the best way to solve the problem? Why? Step 4: Let's look at some ideas from an expert. What are his ideas? Step 5: If you have problems, how do you solve them? Run away? Talk to sb. ? }Based on the text Share? … Step 6: Look again at the problems discussed in the lead-in and solve them. Step 7: Problems and worries are normal in life. Face and solve them.

表 5-4　第二组教学设计

学习目标	1. 通过阅读文本，概括解决问题的方法及理由。（学习理解） 2. 分析、论证、推断遇到问题时采取的不同处理方法及不同后果。（应用实践） 3. 结合自身学习生活，陈述遇到的问题及解决方法。（迁移创新）
教学过程	Step 1: Read the passage quickly and get the main idea What should we do when we have problems? What's the worst thing to do if you have problems? （逻辑性：提取概括） Step 2: Role play (1)What happened to Laura? (2)How did she deal with her problem first? Did she solve it? (3)Then what did she do? Did she solve it finally? Role play the conversation between Laura and her parents. （逻辑性：分析论证） Step 3: Group discussion (1)Worries and problems are normal in life. What do you think of it? (2)What problems do you have in life? How do you usually deal with them? (3)Do you always tell your parents and friends about your problems? Do you give advice to friends about their problems? （批判性：批判评价；创新性：整合运用）

表 5-5　第三组教学设计

学习目标	1. 通读文章，概括文章各段大意，并总结全文大意。 2. 细读文章，分析文中人物的态度和观点，并能利用思维导图复述 Laura 的经历。 3. 结合自己的实际生活，谈谈自己生活中遇到的问题以及处理方式。
教学过程	主线：提出自己的问题—别人如何解决问题—自己如何解决问题—帮助别人解决问题。 Teaching procedure Step 1：Lead-in Teacher shares a problem and guides students to tell their problems. Ask them to write the problems on a card and collect them into a box. Q：What should we do when we meet problems? Step 2：Read the passage quickly and find out the answer to the question above. Why do you think so?（逻辑性思维） Step 3：Find out the main characters in the passage：Laura，Laura's parents，Robert Hunt，or the writer?（批判性思维） Step 4：Retell Laura's experience. (1)What happened to Laura? (2)What did she do first and what was the result? (3)What did she do in the end and what was the result? Draw a mind map and retell.（逻辑性思维） Step 5：Would you like to talk to others when you meet problems? Who would you like to talk to? Why? Step 6：Share the problems in the box and ask students to give advice.（创新性思维） Step 7：Reply to the problem on the card you get.

表5-6　第四组教学设计

学习目标	1. 学生能获取并概括关于 Laura 问题及解决方法的信息。 2. 分析 Laura 的解决方案和专家建议，并提出自己的观点。 3. 能就生活中的类似问题给出自己的解决方案。
教学过程	Step 1: Free talk Q: What are your worries and problems? 学生自由表达(4~5人)。 学生写下自己的困扰，并投入 problem box。 Step 2: While-reading 1. Fast reading Q1: What's Laura's problem and how did she solve it? 2. Careful reading Q2: How did Laura solve the problem? 表格 Q3: If Laura doesn't talk to her parents，what will happen? Q4: What's the expert's opinion about common problems like Laura? Step 3: Post-reading 1. Discussion Q5: Do you agree with the expert? Q6: Who else can you go to for help? Q7: What else can we do to solve problems? 2. Being helpful Choose a problem card from the problem box，and write a letter to him/her to give proper advice. (at least three pieces) Step 4: Homework Write a complete letter.

其中 Q2 表格内容：

	feelings	results	idea
before			
after			

表 5-7 第五组教学设计

Learning objectives	1. Through reading, students should know Laura's problems and questions. 2. After discussion, students can express their problems and find ways to work them out, and give their friends suggestions to resolve problems. 3. Students should know how to solve problems and change their attitudes.
Teaching procedure	Step 1: Play a video about a student's problems. What kind of things do you usually worry about? Who do you usually go to for help? Step 2: Ask the students to read the passage quickly. Which statement expresses the main idea of the passage? Step 3: Ask students to look at the picture and answer some questions: (1)Describe Laura's problems. (2)Why didn't Laura want to tell her parents? (3)If you were Laura, what would you do? (4)What's Robert Hunt's advice? Step 4: Ask students to draw a mind map and then try to retell the passage. Step 5: Group work Students discuss how to help the students in the video to solve his/her problems. Step 6: Show time and pick up the best advice Step 7: Emotion sublimation Problems and worries are normal in life. We should face them directly and solve them. It's best not to run away from our problems. We should remember: we're halfway to solving a problem just by talking to someone about it.

【本章小结】

思维品质培养是教学改进项目中的关键环节。本章对思维品质的构成进行了系统梳理，提供案例帮助教师充分理解概念，掌握阅读教学中思维品质培养的方法。在工作坊的小组教学设计中，教师初步展现了思维品质培养意识，基本掌握了指向思维品质培养的阅读教学方法。在之后的教学改进中，思维品质还会作为基本的教学设计要求在不同的改进主题中加以强化。

第六章　基于阅读策略的阅读圈教学实践

【本章提要】

阅读圈是通过自主阅读、写作记录、合作学习、分享交流来进行阅读教学的一种方式，其中的语言活动具有明显的综合性。阅读圈对参与改进项目的教师来说是一种全新的教学方式，教师需要从"努力教"转向"不教"，学生则要从"等教师教"转向"自己学"和"小组学"。通过学习和实践阅读圈，教师有感于学生表现出的自主学习能力，也对教师为何要在课堂上"放手"、如何"放手"有了进一步认识。本章先说明基于阅读策略的阅读圈教学实施方法，再呈现教师实践阅读圈教学的情况和学生对阅读圈的反应。

一、关于阅读圈

(一)阅读圈的概念

阅读圈也称文学圈，最初被用来进行文学作品阅读分享和交流，在泛读中进行了大量实践①，现在被引入到了更加广泛的外语教学场景中，如学术英语学习。② 其具体组织形式是：学生组成 3～6 人的阅读小组，小组中每个人有明确的角色分工，每个角色代表解读文本的一种视角。小组成员带着明确的目的完成阅读，填写任务单，并基于任务单进行组内和组间交流。阅读圈中每个学生都要完成具体的任务，因此也可以将阅读圈置于任务性语言教学的框架中，在完成任务的过程中，学生接触真实的语言，阅读动机强烈，互动机会充分，能同时实现

---

① DANIELS H. Literature circles：voice and choice in bcok clubs and reading groups［M］. 2nd ed. Portland，ME：Stenhouse Publishers，2002.

② XU Q. Incorporating reading circles into a task-based EAP reading scheme［J］. ELT journal，2021，75(3)：341-350.

文本深层理解和语言学习。阅读圈中教师的角色是推进者①，负责设计角色和相应的任务单，引导学生分享阅读所得，促进学生的理解和学习，并实施评价。

(二)我国阅读圈教学的实施背景

阅读圈约在 2010 年正式出现在我国中小学英语阅读教学视野中②，此后得到了中小学英语教师和研究者的广泛关注。它与三段式(读前、读中、读后)阅读教学及其他教学方式的主要区别是突出学生自主学习，即学生带着明确的角色任务阅读并交流汇报。阅读圈教学符合二语习得规律，与交际教学法和任务教学法理念一致③，有利于发展学生的核心素养④，这种教学方法也得到了学生的普遍欢迎。⑤ 阅读圈的具体实施模式可以概括为"课文整体教学—学生自主探究—分享交流互动"⑥，已被应用于小说、绘本、报刊等文本类型，以及一篇和多篇文本的阅读教学。阅读圈教学中关键的一环是学生自主探究，学生需要明确自己的角色要求并依照一定的标准完成角色要求，这就要求教师精心设计阅读圈角色并对学生进行充分培训。

在当前的教学实践中，阅读圈角色设计出现了多样化局面，那么角色设计的依据是什么？如何进行相关角色的培训？

二、阅读圈角色创设的实践情况分析

阅读圈常见的角色包括六种：讨论组长(discussion leader)，文段赏析者(passage person)，词汇大师(word master)，总结者(summarizer)，文化收集者

---

① SHELTON-STRONG S J. Literature circles in ELT[J]. ELT journal，2012，66(2)：214-223.

②③ 陈则航，罗少茜，王蕾. 语言教学中的儿童文学：从德国 Hildesheim 国际学术会议谈起[J]. 中小学外语教学(小学篇)，2010，33(6)：1-4.

④ 罗少茜，张玉美. 阅读圈任务在英语学科核心素养教学与评价中的应用[J]. 外语教育研究前沿，2020，3(3)：27-33，91.

⑤ 胡欲晓. 例析阅读圈教学模式在初中英语文学阅读中的重构与优化[J]. 英语学习，2019(4)：32-37.

⑥ 李兴勇. 阅读圈在高中英语阅读教学中的运用[J]. 中小学外语教学(中学篇)，2015，38(6)：59-63.

(culture collector)，联结者(connector)。Bookworms Club 的阅读圈任务手册提供了针对每个角色的任务单，具体描述了每个角色及其任务要求。简单来讲，discussion leader 提出一些问题供大家讨论；passage person 提取重要或有趣的信息讲给大家听；word master 需要摘出文章中的好词供大家学习；summarizer 对所读内容进行总结，并与组员分享；culture collector 寻找与自己的文化不同或相近的内容；connector 寻找类似的人、事或感悟。

上述角色为母语文学作品阅读设置，可能并不适用于所有类型的语篇和常规课堂教学。实际上，有的教师会选择上述六种角色中的全部或部分角色，还有的教师会选择创设新角色。表6-1对近年来阅读圈教学实践中创设的角色按语篇类型进行了梳理。在故事阅读圈中，除了常见角色，史亚辉和张常娥还创设了预测故事后续发展的"预测者"，分析故事中人物的"优劣势寻找者"和"人物分析者"，以及寻找文本中可以改进的细节的"思考者"。①② 在人物传记阅读圈中，贺亚丽、徐国辉等创设了"绘画者"和"人物分析者"③④；在文学阅读圈中，除了"绘画大师"⑤，胡欲晓创设了总结人物特点的"五行诗人"和深入体验人物的"心语解读者"⑥；在绘本故事阅读圈中，王丹妮创设了"审辩思维者"⑦，李元霄和余云

---

① 史亚辉. 阅读圈在基础薄弱生主题意义探究中的应用[J]. 中小学课堂教学研究，2020(10)：7-10，45.

② 张常娥. 小学英语阅读圈活动中角色创新的实践[J]. 中小学外语教学（小学篇），2019，42(6)：1-6.

③ 贺亚丽，徐国辉. 例析阅读圈教学模式在高中课文教学中的迁移与重构[J]. 中小学英语教学与研究，2019(4)：49-55.

④ 贺亚丽，张金秀，徐国辉. 运用思维可视化工具落实英语学习活动观的阅读教学实例分析[J]. 中小学课堂教学研究，2020(8)：19-24.

⑤ 王慧，吴美丽. 文学圈模式应用于整本书阅读的实践研究[J]. 中小学外语教学（中学篇），2020，43(5)：6-11.

⑥ 胡欲晓. 例析阅读圈教学模式在初中英语文学阅读中的重构与优化[J]. 英语学习，2019(4)：32-37.

⑦ 王丹妮. 智慧课堂创新小学英文绘本阅读的个性化学习进程：初探三年级绘本阅读圈活动[J]. 英语学习，2019(z1)：56-58.

峰创设了"采访小记者"①。对于角色创设的理据，史亚辉表示根本原则是"角色设定要有助于学生的阅读理解"②，而王慧、吴美丽表示应"依据英语学习活动观的理念，结合作品的内容和语篇特征"创设角色。③ 苗兴伟、罗少茜基于语篇分析，提出"结构分析者""内容分析者""态度分析者"三种通用角色。④

表 6-1 近年来阅读圈实践中创设的角色

研究者	语篇类型	角色
史亚辉（2020）	故事	组长、*优劣势寻找者*、预测者、联结者
张常娥（2019）	故事	情节梳理者、人物分析者、预测者、思考者
贺亚丽等（2020）	人物传记	*副标题撰写者*、联结者、*引语分析者*、人物分析者、绘画者
贺亚丽、徐国辉（2019）	人物传记	归纳者、语言大师、人物分析者、联结者、提问者、绘画者
王慧、吴美丽（2020）	整本书	讨论总监、语言达人、绘画大师、*联想天才*、总结代表
胡欲晓（2019）	文学作品	*五行诗人*、*心语解读者*、*换位思考者*、篇章总结者、细节分析者
王丹妮（2019）	绘本故事	词汇大师、总结者、*审辩思维者*
李元霄、余云峰（2019）	绘本故事	阅读组长、单词大师、*采访小记者*、*实际生活联结者*
苗兴伟、罗少茜（2020）	一般语篇	分析组长、*结构分析者*、*内容分析者*、*态度分析者*、总结者

（创设的新角色以斜体表示）

---

① 李元霄，余云峰. 基于阅读圈活动的小学高年级绘本阅读教学探究[J]. 基础教育研究，2019(17)：70-72，76.

② 史亚辉. 阅读圈在基础薄弱生主题意义探究中的应用[J]. 中小学课堂教学研究，2020(10)：7-10，45.

③ 王慧，吴美丽. 文学圈模式应用于整本书阅读的实践研究[J]. 中小学外语教学（中学篇），2020，43(5)：6-11.

④ 苗兴伟，罗少茜. 基于语篇分析的阅读圈活动设计与实施[J]. 中小学外语教学（中学篇），2020，43(9)：1-5.

基于上述梳理，可以看出国内教师和研究者将阅读圈应用到课堂教学时，在角色创设方面出现了三种取向：阅读策略、英语学习活动观和语篇分析。这三种取向并非彼此独立，而是多有重合，例如，"内容分析者"需要对细节进行再次阅读和思考，属于学习理解类活动；"优劣势寻找者"需要对文本内容进行分析与判断，属于实践运用类活动；"思考者"和"审辩思维者"对文本内容和观点进行反思，属于迁移创新类活动。角色创设三种取向的差异在于：阅读策略侧重学习者为达成理解而付出的积极努力；英语学习活动观强调不同层次的学习活动；而语篇分析则是所有阅读教学的基础，结构、内容和态度是所有语篇都包含的成分。鉴于阅读策略的主体性和丰富性特征，以阅读策略为指导来设计阅读圈角色不仅符合以学生为中心的教育理念，还具有较强的操作性。

三、阅读圈教学策略

(一)基于阅读策略创设阅读圈角色

阅读策略指"为了达成对所读文本的理解，读者自发做出的有意行为"[①]。其中的两个要素是"有意识"和"选择"，即读者的行为是有目的的，且行为是经过选择的。阅读策略的研究成果为阅读教学提供了坚实的基础，主要包括两个方面：一是成功的阅读理解包含一系列的认知和元认知能力；二是阅读策略培训可以提高学习者的阅读能力。[②]

阅读策略的内容丰富，其来源是阅读者在阅读过程中进行的积极思维活动。阅读圈中常见的六种角色明显体现了积极阅读的特征：就文本内容提问（讨论组长）；对文本内容进行阐释（文段赏析者）；将文本内容与经验关联（联结者）；利用文化知识来理解文本，应用所读到的内容（文化收集者）；阅读虚构内容时关注环境、人物、故事、语法，阅读非虚构内容时关注文本特征和特定类型信息（总

---

① PRITCHARD R. The effects of cultural schemata on reading processing strategies [J]. Reading research quarterly，1990，25（4）：273-295.

② CARRELL P L，PHARIS B G，LIBERTO J C. Metacognitive strategy training for ESL reading[J]. TESOL quarterly，1989，23(4)：647-678.

结者）；依据语境推测词义（词汇大师）。因此，阅读圈教学可以视为阅读策略培训的一种方式。学生在阅读圈中有意识地练习思维，使用策略，完成任务单，在汇报时展示策略使用情况，小组使用多种策略达成深度理解，内化和巩固语言。教师引导学生对角色表现进行评价，给出反馈。

为实现"教—学—评"的统一，教师在选择要培训的阅读策略时，需厘清阅读策略的内容和表现形式，设立明确的、可达到的、可检测的目标。例如，对于阅读故事总结大意这一策略，教师设置的目标可以是：学生能说出故事的背景，主要人物和故事起因、经过、结果，任务单的形式可以是理解类问题或故事地图。当学生未能达到以上目标时，例如缺失了某个故事要素，或是加入了细节信息，教师可以引导学生评价自己的总结是否合理，或是请其他组的"总结者"来汇报，让学生比较不同总结间的差异，选出更好的总结方式。针对其他角色的教学目标设置也是如此，教师从角色产出的表现来了解学生的阅读策略掌握程度，通过肯定角色表现和小组表现、表达自身共鸣等方式引导学生积极投入阅读任务。同时，还可让学生进行角色轮换，持续保持对阅读圈活动的新鲜感。进行阅读圈活动前，所有学生都需要接受角色培训。当学生水平较低时，教师可以先选择有趣且难度较低的材料让学生练习①，或在任务单中提供详细的支架。以"总结者"为例，教师可以在任务单上提出系列问题，引导学生产出完整的概要，或是在一段概要中留出空白部分让学生补全，或是提供结构图让学生填写，再让学生依据任务单进行汇报。当学生熟悉角色任务后，再逐渐撤掉支架，只给出任务提示。因此，阅读圈教学并非不教，而是让学生自己生成理解、获得知识。进行阅读圈活动时，无论阅读对象是教材还是其他材料，教师都需要基于教学目标进行评价。

阅读策略的分类多样。卡雷尔（Carrell）等把阅读策略分为整体策略和局部策略，整体策略指自上而下的信息加工方式，局部策略指自下而上的解码策略②；

---

① 罗少茜，张玉美. 阅读圈任务在英语学科核心素养教学与评价中的应用[J]. 外语教育研究前沿，2020，3(3)：27-33，91.

② CARRELL P L，PHARIS B G，LIBERTO J C. Metacognitive strategy training for ESL reading[J]. TESOL quarterly，1989，23(4)：647-678.

奥克斯福德（Oxford）提出阅读策略包括认知、记忆、补偿、元认知、情感和社会策略①；奥马利（O'Malley）和查莫特（Chamot）提出阅读策略分为元认知、认知和社会/情感三类②；布洛克（Block）和普雷斯利（Pressley）从词、句子和段落、篇章、知识四个层次来描述阅读策略。③ 比较上述阅读策略分类，卡雷尔的分类比较笼统，奥克斯福德的分类没有体现语篇分析，布洛克和普雷斯利描述的策略属于认知策略，更适合作为阅读圈角色的设计依据。因此，下文依据布洛克和普雷斯利对四个层次阅读策略的描述来设计和分析相应的阅读圈角色。

在词汇层面，读者应检查自己是否能流畅阅读，并能使用背景知识来推理词汇意义。"词汇大师"应展示的内容包括准确地读出单词、说明单词的意义、说明语境信息如何帮助推测词义，以及如何在语境中使用单词。

在句子和段落层面，读者应判断句子是否合理，找出段落中最重要的信息。这两种策略可以产生至少两种角色："句子辨析者"，对句子进行阐释，说明是否合理，辨析的对象可以是使用修辞的句子，或是看起来不太合理的句子；"文段收集者"，通过选择、删除、压缩和合成的方式来决定文段中的关键信息。

在语篇层面，阅读叙述类语篇时，读者需要"看"到角色、场景和行为，利用感官图像在头脑中形成影像，使用故事语法和语篇特征来分析作者的思路。这三种策略可以产生两类阅读圈角色："艺术家/画家"，将角色、场景和行为转化为图像，并用语言进行描述；"故事讲述者"，可以在概念图的帮助下说明故事线。阅读说明类语篇时，读者需要找到信息组织的模式，例如对比/比较、描述、问题/解决、因果或序列模式，相应角色可以是"人物/事物对比者""过程描述者""问题解决者""原因寻找者""序列说明者"等。如果语篇中有插图和小标题，还可

---

① OXFORD R L. Language learning strategies：what every teacher should know[M]. New York：Newbury House Publisher，1990.

② O'MALLEY J M，CHAMOT A U. Learning strategies in second language acquisition [M]. Shanghai：Shanghai Foreign Language Education Press，2001.

③ BLOCK C C，PRESSLEY M. Best practices in teaching comprehension [M]// GAMBRELL L B，MORROW L M，PRESSLEY M. Best practices in literacy instruction. 3rd ed. New York：The Guilford Press，2007：220-242.

以设计如"插图说明者""小标题解读者"这样的角色。另外，读者还应通过总结文本来检验自己的理解程度，相应的角色是"文本总结者"，该角色需要选择重要信息、去掉重复信息，使用更少的词汇来总结文本。阅读文本时另一项重要策略是提问，即使用"W"和"H"问题来提问：为什么虚构故事或非虚构信息类文本中的信息是如此？作者写作的意图是什么？相应角色可以是"提问者"或"反思者"。最后，读者还需要基于文本信息进行推理，相应的角色可以是"推理高手"，该角色可以补充文本缺失信息，对已读信息进行详细说明，或是对事件进行预测。

在知识层面，读者应检查自己的知识是否有增加，是否将文本中的信息与个人已有知识、其他文本信息和百科知识相联系，同时注意不要使注意力从现有阅读文本中偏离，还应使用文化知识来理解和使用已读信息。相应的角色可以是"知识检查者""联结者""文化收集者"。

上述分析表明，基于阅读策略设计阅读圈角色时，角色的设计是有层次、有针对性的。教师需要仔细研读文本，依据文本内容确定需要使用的关键阅读策略，再依据阅读策略的内容确定角色的具体任务并设计任务单。在学生组成小组时，要注意同组成员的水平不应相差过大，以确保所有成员都有交流的机会。如果学生自由选择材料进行阅读，那么读相同材料的学生可以组成一组，再分角色汇报。基于阅读策略确定阅读圈角色后，教师还需对学生进行角色培训，使学生能够快速进入角色、完成任务。

(二)基于元认知策略进行角色培训

如果说认知策略与学习任务直接相关，包括对学习材料的直接处理和转化，那么元认知策略则包括思考学习过程、计划学习、监控理解或产出，以及在语言学习活动后进行自我评价。[①] 元认知策略之所以重要，是因为如果学习者不知道自己的理解出现了问题，不知道如何去补救问题，那么教师培训的认知策略就会失败。缺少元认知策略的学生既无法回顾自己的学习过程、成就，也无法确定未

---

① O'MALLEY J M, CHAMOT A U, STEWNER-MANZANARES G, et al. Learning strategy applications with students of English as a second language[J]. TESOL quarterly, 1985, 19(3): 557-584.

来的方向。从实证研究来看，成功的阅读者有更强的元认知意识，更多使用元认知策略；而即使是不成功的阅读者也会使用很多策略，但他们使用策略的方式有些随意，没有目标且缺乏效果。① 阅读元认知策略包括：阐明阅读的目的，即理解显性和隐性任务要求；确定信息的重要方面；将注意力集中在主要内容而不是琐碎内容上；监测正在进行的活动，以确定理解是否发生；进行自我提问，以确定目标是否正在实现；当发现理解失败时，采取纠正行动。② 简单来说，学生应具有对阅读认知策略的"知识"和"控制"。

元认知策略教学包括五个方面：What（策略是什么），Why（为什么要学），How（如何使用策略），When 和 Where（何时何地使用策略），How to evaluate（如何评价策略的使用及如何补救）。③ "是什么"和"为什么"属于陈述性知识，"如何使用"属于程序性知识，"何时何地"和"如何评价"属于条件性知识。首先，教师可以通过有声思维来展示 What 和 How，提供新情境，要求学生通过有声思维展示元认知策略的使用，教师提供鼓励和反馈。其次，教师提供假设情境，让学生思考如何应用元认知策略。最后，学生在真实情境中应用元认知策略。研究表明，当教师示范如何进行思考时，学生的思考能力也得到提高。④ 在阅读圈教学中，很多角色需要教师的培训，如"总结者""提问者""推理高手"等。下文以人教版《义务教育教科书 英语 八年级上册》Unit 8 Section B"Thanksgiving in North America"为例，展示如何设置阅读圈角色，并以"推理高手"为例展示如何对学生进行角色培训。

这是一篇描述感恩节基本情况和火鸡制作过程的说明文，设计的阅读圈角色

① 瞿莉莉. 基于有声思维法的 EFL 阅读策略与元认知意识研究[J]. 外语界，2014(4)：30-38.

② CARRELL P L. ESP in applied linguistics：refining research agenda implications and future directions of research on second language reading[J]. English for specific purposes，1987，6(3)：233-244.

③ CARRELL P L，GAJDUSEK L，WISE T. Metacognition and EFL/ESL reading[J]. Instructional Science，1998，26(1/2)：97-112.

④ TAYLOR B M，HARRIS L A，PEARSON P D，et al. Reading difficulties：instruction and assessment[M]. New York：Random House，1988.

及详细的引导性问题如下。学生熟悉角色后，引导性问题可以不必太详细（如括号内所示）。

(1) Culture collector: Is there a similar festival in China? How is Thanksgiving similar or different from Spring Festival in China? Ask your group some questions about Thanksgiving. (Do you find cultural points in the passage? Make comparisons with your own culture.)

(2) Word master: What words do you find are important for describing Thanksgiving? How are the verbs, nouns and adverbs used to describe how to cook turkey? (What words do you find are important for understanding the passage?)

(3) Connector: Have you ever said "thank you" to anyone on special days? For what reasons? Have you made similar food like turkey? How? How do you think turkey smell and taste like? (Do you think of your experience or anything you have read or heard about related to the main idea of the passage?)

(4) Inference maker: Why do people give thanks to food? Why is turkey eaten on Thanksgiving? (What inferences can you make about the passage?)

进行"推理高手"角色培训时，教师需要先向学生介绍什么是推理，介绍这一策略的重要性，再展示如何针对文本中的缺失信息提问，最后介绍在什么条件下提问。

What: While reading, you will find not all the information is explicitly stated. As an active reader, you should ask yourself questions to find the connection between the information. That process is called reasoning or inferring.

Why: Inferring is central to the overall process of reading and is the glue that cements the construction of meaning.

How: When making inferences, we should find what information is missing, then use background knowledge and the clues in the text, raise questions and then make inferences. You can use the following chart to help make inferences. (见表 6-2)

表 6-2　推理过程表

background knowledge	clues in the story	questions	inferences

For example, we know that people eat certain food on special days because the food has special meaning. We can ask why people eat turkey on Thanksgiving, and we may infer that turkey is special for North Americans or turkey was easy to get in the past.

Where and when: When we find some causes or effects are missing, or some relations are not stated explicitly, we make inferences.

How to evaluate: Inference questions can not be directly answered with information in the text. You have to use your background knowledge with the information of the text to infer causes, effects, or relations.

为了进一步引导学生在阅读圈活动中有效使用策略，教师还可以在活动中提供角色表现评分表（见表 6-3），利用评价促进学习。

表 6-3　角色表现评分表

角色	评分细则
组长	①是否提出一般细节问题？（1分） ②是否提出基于语篇的推理问题？（2分） ③是否提出基于语篇的批判性问题？（2分）
词汇大师	①发音是否准确？（1分） ②是否用英语清楚解释了单词意思？（1分） ③是否展示了单词间的联系？（2分）
联结者	①是否联系实际生活情况并作出描述？（1分） ②是否给出基于话题的看法、经验或建议？（1分）

角色	评分细则
文化收集者	①是否比较了中西文化现象？（1分） ②是否对文化差异作出解释？（2分）
推理大师	①推理结论是否合理？（1分） ②推理依据是否充分？（1分）
总结者	①是否包含了内容要点？（1分） ②是否采用自己的语言？（1分）

除了角色表现评分表，教师还可以在学生分享和汇报角色发现时进行形成性评价，给学生提供即时反馈，促进学生达成角色目标。例如，在完成"总结者"角色任务时，学生普遍的问题是不使用自己的语言进行总结，而是直接采用文中的细节性信息，教师可以通过提问引导学生发现问题。

- Student: Thanksgiving is on the fourth Thursday of November…
- Teacher: Is this a detail or a key point? Did you use your own words? What about other summarizers? How did you summarize the passage?

四、阅读圈教学实践

(一)教学过程

关键教师按照"课文整体教学—学生自主探究—分享交流互动"的流程实施阅读圈教学。首先，学生通过阅读获取文章大意，定位每段的主题句；其次，教师设计了六种角色，让学生带着任务阅读和记录，在小组内分享交流；最后，学生以小组为单位进行分享交流和汇报，每位成员汇报结束后向全班学生提出一个问题。教师在小组展示时也会提出问题激发学生思考，确保师生间的有效互动。与第一次研讨课相比，课堂出现了明显变化：第一，教师讲授的时间大大减少，更多时候教师是阅读指导者和帮助者，在各个小组间移动，收集学生的学习情况；第二，学生的学习投入度明显增加，小组中的所有成员都在积极完成自己的任务，在学习单上做了满满的记录，学生在小组内交流时认真准备、互相帮助，小组间交流时积极举手回答问题；第三，学生课堂提问的思维水平明显提高，不再只是提出基于教材文本的细节问题。

课后研讨时，项目组肯定了教师在教学中出现的可喜变化，同时也指出阅读圈教学实践中还存在的问题。首先，在角色设计上，教师完全使用了 Bookworms Club 提供的阅读任务单，没有针对课文文本进行角色设计，这表明教师对教材文本的分析还没有十分到位；其次，阅读策略教学的重点不够明确，这一课的重点是制作火鸡的流程，而非定位每段的主旨句，应该集中关注学生对流程说明的理解；再次，教师对学生的表现缺少有效反馈，集中表现在"总结者"这个角色上，学生几乎全部使用课文中的语言进行总结，但是教师对此却没有评价和反馈；最后，主题意义的探究简单化，在本课即将结束时，教师给学生看了一段视频，并告知学生主题意义。"No matter where you may go, what you do, cherish the life we have now, and to be a what? To be a thankful person. Because there are many people, they are doing so many jobs for us. So remember, to be a thankful person in the future."教师这段对文本意义的思考与整体学习活动关联不强，无法触动学生，如果能将对主题意义的探究融入分享交流中，让学生来思考和表达，效果应该会更好。

(二)教师及学生访谈

1. 教师对阅读圈的反应

项目组在课例研讨后对教师进行了深度访谈，发现实施阅读圈教学对教师的影响明显。

首先，教师加深了对学生的了解。访谈中我们要求教师用一个词表达对阅读圈的感受和评价，教师 T1 回答："有一个词是 surprise，最大的感受就是 surprise。"学生的表现超越了教师的预期，"他们谈到的有些东西，我感觉正常情况下学生应该想不到的，但是有些学生想到了，虽然可能想得比较浅显，但是我感觉还是挺好的"。对学情的准确评估是教学设计的基础，而阅读圈给了学生展示自己水平的机会，使教师对学情的评估更准确。

其次，教师还认识到参考性问题的重要性："我感觉（提问）就应该鼓励 creative thoughts，鼓励创造性的回答，不是直接能从教材上找到的，而是更多需要学生表达自己的想法，提问并不是一定需要一个固定的、唯一的答案。"阅读圈教学不仅改变了教师对提问的实践，也改变了其对提问的认识。

再次，教师认识到了学生投入的重要性。教师 T2 对角色汇报的程序进行了改进，要求每个角色汇报结束后，对全班学生提一个问题，"在实际学生展示环节，能够让更多的学生上台展示，虽然这个提问环节有一点耽误时间，但是我想了想还是不能缺少的，因为如果学生不随机提问的话，坐在下边的学生可能就会游离"。

最后，教师对学生的自主学习有了更多思考。教师 T1 对阅读圈角色展示时间不足的问题进行了反思，认为应该给学生更多信任和自主学习的时间，"他们也愿意去挖掘一些东西，我们可能还需要再放手一些"。从教师的反馈可以看出：教师通过阅读圈方法的学习和实践重新认识了学生，开始站在学生的角度考虑如何促进学习，改变了课堂提问的观念，加强了对学生自主性的认识。尽管实践上仍然存在问题，但由实践带来的认识改变就是项目组最期待看到的结果。

2. 学生对阅读圈的反应

项目组在课后同样对学生进行了访谈，访谈内容印证了阅读圈有利于发展学生核心素养的观点。①

首先，阅读圈教学强化了学生的自主学习能力。为准备角色汇报，学生需要通过自己查找信息解决问题，学生 S2 表示"今天课上关于 Thanksgiving 的问题，答案有一点难找，需要上网查一些这方面的资料"。

其次，阅读圈培养了学生的交际能力和领导能力。学生 S3 说："我在交流方面有进步，如果以后再遇到类似事情，也知道应该怎么做，知道流程和目的。"学

---

① 罗少茜，张玉美. 阅读圈任务在英语学科核心素养教学与评价中的应用[J]. 外语教育研究前沿，2020，3(3)：27-33，91.

生 S4 表示"之前做组员时，一直都是服从组长的安排，自己做 discussion leader 时，需要我自己去领导整个小组进行讨论，领导能力会比之前强一些"。当小组内成员无法胜任自己的角色时，学生 S4 决定调整策略，"实在不行的话可以考虑把他们的角色换一下"。

再次，阅读圈能够帮助学生有效学习语言。在词汇学习上，学生 S5 表示用自己的话解释单词能让词汇学习更有效，他获得的角色是词汇大师，"中文的话可能说一遍就只是在脑子里面过了一遍，会容易忘记；但是用自己的话解释英文单词，采取比较通俗易懂的方式去理解，印象就会比较深刻。"在语篇理解上，学生表示深层理解能力得到了加强，"分层次的能力加强了，因为以前学的是基础，是文章的表面意思，没有那么深层的理解"。学生课本以外的知识得到拓展，"七年级时一直是老师带着在学，比较基础，到了八年级自己可以拓展一下课外的知识"(S5)。学生的语言能力在小组互助中提高了，"组内同学间会互相帮助，组长要对每个组员的内容进行修改，小组成员间也要互相帮助"(S4)，"我觉得帮助他人学习英语也确实提高了自己的能力，因为可以把自己知道的知识再运用一遍，教给他人，就是代表自己真正懂了"(S1)。

最后，阅读圈增强了学生的学习兴趣，"实施阅读圈后我更喜欢英语了，因为这种方式会比较有趣味……还能提高个人能力"(S3)，学生经历了从兴趣到进步的过程。比起以前的教学方式，阅读圈更能得到学生的欢迎。"我觉得我也喜欢现在的这种方式，之前老师只是一味讲，有些同学听不进去，都在打瞌睡。采用新的方式后，我们小组的合作性比较高，上课的积极性和回答问题的积极性也提高了"(S1)。

【本章小结】

阅读圈是为了进一步解决学生语言综合运用能力不足问题所做出的教学改进尝试。为有效实施阅读圈教学，教师需要全面掌握阅读策略的内容，同时还要对语篇进行准确分析，把握阅读策略教学中的重点，灵活地把主题意义探究活动融入阅读圈中。基于元认知策略的角色培训是阅读圈教学中的关键一环，教师可采取"小步子，分步走"的方式，每次选择 1～2 种策略进行培训，使学生充分掌握阅读时的思考过程。教师也需反思自己的阅读和思考，积极分享自己的认知秘密，成为阅读过程的示范者和学生阅读的引导者。

（注：本章部分内容已发表在《中小学课堂教学研究》2021 年第 6 期上。）

第七章　基于深度学习的读写结合教学实践

【本章提要】

本章从读写教学中存在的典型问题入手，提出了基于深度学习的读写结合教学的原则，并结合教学改进实践过程，探索了基于深度学习的读写结合教学的策略及方法。解读文本，确立读写关联；设定目标，确定学习方式；设计活动，体现主题意义探究；开展活动，凸显深度学习特征；实施评价，追问学习效度。

阅读与写作是互惠的过程。阅读与写作教学同时进行能够促进学生学习效率的最大化。[①] 培养均衡的读写素养能够促进英语课程六要素的整合，有助于推动学生英语学科核心素养的形成。[②] 如何进行读写结合的教学，以提高学生的英语读写能力，发展学生英语学科核心素养，目前这个问题引起了教师的广泛关注。

目前在读写教学中，存在以下四个问题：一是读写课没有基于主题意义，没有强调学生对主题意义认识的真实表达；二是读写课过分强调语言知识学习，没有引导学生运用所学的语言知识正确表达；三是读写课没有对写作过程各环节进行指导，没有给学生搭建写作支架；四是读写课中阅读教学、语言知识教学、写作教学相互割裂，没有实现读写结合教学。这四个问题反映出教师在读写教学中对学生学习本质缺乏深度思考，读写教学缺乏"迁移和应用"，没有体现深度学习的教学理念，忽略了读写教学的平衡。如何改进存在以上问题的读写教学？

---

① SHANAHAN T, LOMAX R G. An analysis and comparison of theoretical models of the reading-writing relationship[J]. Journal of educational psychology, 1986, 78(2): 116-123.

② 王蔷. 连接拼读、阅读与写作教学：均衡的英语读写素养发展模式探析 [J]. 英语学习，2021(6): 27-35.

一、基于深度学习的读写结合教学内涵与原则

(一)基于深度学习的读写结合教学内涵

深度学习是学生在教师引领下,围绕具有挑战性的学习主题,全身心积极参与、体验成功、获得发展的有意义的学习过程。① 深度学习有五个特征:联想与结构——经验与知识的相互转化;本质与变式——对学习对象进行深度加工;活动与体验——学生的学习机制;迁移与应用——在教学活动中模拟社会实践;价值与评价——"人"的成长的隐性要素。② 基于深度学习的读写结合教学强调以读促写,即通过基于主题意义探究的阅读学习给写作搭建内容支架、结构支架和语言支架。学生基于主题意义进行独立写作并展开评价,整个学习过程突出结构化梳理、本质化学习、迁移化应用,体现深度学习的特征。在基于深度学习的读写结合教学中,学生通过阅读理解和写作作品的互动与交流,实现语言自动化运用。

(二)基于深度学习的读写结合教学原则

"深度学习"的教学实践有引领性的学习主题、素养导向的学习目标、挑战性学习任务和持续性学习评价。③ 基于深度学习的读写结合的教学应遵循以下原则。

1. 主题意义要连接读写教学

学生对主题意义的探究应是学生学习语言的最重要内容,直接影响学生语篇理解的程度、思维发展的水平和语言学习的成效。④ 读写教学中,教师要引导学生通过阅读探究主题意义。写作是主题意义的社会情境运用,教师要紧扣阅读中的主题意义,引导学生通过写作进一步深化对主题意义的认识。

---

① 刘月霞,郭华. 深度学习:走向核心素养(理论普及读本)[M]. 北京:教育科学出版社,2018.

② 郭华. 深度学习的五个特征[J]. 人民教育,2019(6):76-80.

③ 刘月霞. 指向"深度学习"的教学改进:让学习真实发生[J]. 中小学管理,2021(5):13-17.

④ 中华人民共和国教育部. 普通高中英语课程标准:2017年版2020年修订[S]. 北京:人民教育出版社,2020.

2. 学习目标要有层次性

六要素整合、指向学科核心素养发展的英语学习活动观，为变革学生的学习方式、提升教与学的效果提供了可操作的途径。① 基于深度学习的读写结合教学应该贯彻英语学习活动观，以落实学科核心素养的培养。读写教学的学习目标要有层次性，要培养学生学习理解、应用实践、迁移创新等英语学科能力。学习目标可以设定为：通过速读文本，提取梳理关键信息，归纳文章结构的学习理解目标；通过细读文本，基于对结构的分析讨论，初步运用语言的应用实践目标；通过独立写作，运用评价量表进行合理评价的迁移创新目标。

3. 教学活动要有自主性和交互性

"活动与体验"是深度学习的核心特征。"活动"是指以学生为主体的主动活动，"体验"是指学生在活动中生发的内心体验。② 从陈述性知识（记忆、背诵）过渡到程序性知识（操作、应用）的掌握，就是深度学习的最终目标。③ 在基于深度学习的读写结合教学中，教师可以使用思维导图或信息结构图，引导学生通过自主与合作相结合的方式对信息进行梳理、整合和内化；教师可以使用学习单和评价量表，引导学生自主写作并依据评价量表进行自评和互评。

4. 学习评价要有持续性

深度学习评价是以深度学习目标为依据，运用调查、测验、统计分析等方法，对深度学习过程及结果作出价值判断，对深度学习目标进行反思和修订的活动。④ 深度学习中的持续性评价更多的是形成性评价，要贯穿学习的始终。⑤ 基于深度学习的读写结合教学评价内容应该包括文本信息的梳理、概括和整合，主

---

① 中华人民共和国教育部. 普通高中英语课程标准：2017 年版 2020 年修订[S]. 北京：人民教育出版社，2020.

② 郭华. 深度学习的五个特征[J]. 人民教育，2019(6)：76-80.

③ 刘海洋. 实现深度学习的七大步骤[J]. 上海教育，2019(32)：26-29.

④ 张浩，吴秀娟，王静. 深度学习的目标与评价体系构建[J]. 中国电化教育，2014(7)：51-55.

⑤ 刘月霞，郭华. 深度学习：走向核心素养（理论普及读本）[M]. 北京：教育科学出版社，2018.

题意义的探究和写作的质量。对于写作质量评价，教师要提供反思性评价量表，引导学生进行自评和互评。

二、基于深度学习的读写结合教学策略

(一)解读文本，确定读写关联

基于主题意义探究的读写结合教学就是在主题意义的统领下，围绕特定的主题，设计并展开的以读促写、以写导读、读写共生的教学活动。[①] 要实现以读促写、读写共生，就需要通过文本解读确定读写的关联。

(二)设定目标，确定学习方式

深度学习理念有利于引导教师把教学目标定位在学科素养目标上。[②] 基于深度学习的读写结合教学的目标是培养学生英语学科核心素养，学习方式要实践英语学习活动观。

(三)设计活动，体现主题意义探究

基于主题意义探究的课堂教学就是围绕一定的主题，设计课堂教学的目标、内容和活动。[③] 阅读为写作提供知识，学习者需要从阅读中获得显性或隐性的语言知识、背景知识和体裁知识来准备自己的写作。[④] 因此，读写教学的过程应该是通过阅读搭建写作支架(内容、语言和结构)，然后进行知识(文中的词汇知识、语篇知识)的内化与运用，最后进行独立写作和评价。基于深度学习的读写结合教学活动按照"激发—输入—内化—输出"的过程展开。激发阶段，通过话题谈论引入主题。输入阶段，通过阅读理解文本、分析结构，理解主题意义。内化阶

---

① 衡很亨. 基于主题意义探究的英语读写结合教学策略[J]. 中小学外语教学(中学篇)，2021，44(8)：45-50.

② 刘月霞. 指向"深度学习"的教学改进：让学习真实发生[J]. 中小学管理，2021(5)：13-17.

③ 程晓堂. 基于主题意义探究的英语教学理念与实践[J]. 中小学外语教学(中学篇)，2018，41(10)：1-7.

④ 罗少茜，曾玲. 青少年外语读写能力培养[M]. 南宁：广西教育出版社，2017.

段，通过文本和更多的示例让学生理解与辨析文本特征，内化语篇知识；通过聚焦词汇和句型的运用，内化语言知识。输出阶段，学生基于对主题意义的认识独立写作，写后让学生开展评价：互评优化、小组评优、全班展示。读写结合的教学设计不应囿于课本内容，好的读写结合教学活动不仅能够依托阅读，还应该能超越阅读，引导学生将所读和所思迁移到现实生活中，运用所学去理解、认识、分析和解决真实生活中的问题。①

(四)开展活动，凸显深度学习特征

基于深度学习的读写结合教学活动要凸显深度学习特征，开展活动与体验，体现英语学习活动观；通过阅读文本，提取梳理关键信息，归纳文本结构，体现联想与结构，实现学习理解；通过基于结构的分析、讨论，初步运用语言，体现本质与变式，实现应用实践；通过运用所学知识进行迁移与创造，解决实际生活情境问题，实现迁移创新。

(五)实施评价，追问学习效度

持续性评价是深度学习中教师教学、学生学习不可缺少的环节。② 评价应当贯穿于学生的整个学习过程，可采用教师评价、同伴评价、自我评价等不同方式促进深度学习。

三、基于深度学习的读写结合教学改进实践

本章以人教版《义务教育教科书 英语 八年级上册》Unit 9 Section B 3a—3b 板块的读写教学改进为例，探索基于深度学习的读写结合教学策略的实施。读写教学改进的第一次课是在教学改进前的展示课，第二次课是在第一次课后根据改进建议修改后的授课，第三次课是再次进行教学改进后的授课。③

---

① 王蔷. 在英语教学中开展读写结合教学的意义及实施途径[J]. 英语学习，2020(5)：26-32.

② 刘月霞，郭华. 深度学习：走向核心素养(理论普及读本)[M]. 北京：教育科学出版社，2018.

③ 此课例由郑州市第四十二中学陈利春老师设计。

本课例的主题语境为人与社会，主题群为社会与人际沟通，主题语境内容为社会活动邀请。读写教学活动围绕 Invitation 这一主题展开，在主题引领下开展学习理解、应用实践、迁移创新等活动，使学生学会礼貌待人，学会与人相处，学会如何运用语言邀请他人。

(一)通过文本解读确定读写关联

1. 主题关联

3a 是一封邀请信，内容是一位学校校长邀请家长到学校参加新建图书馆的开放仪式。3b 是一个邀请信的写作任务，要求学生写一封邀请参加聚会或者其他事宜的邀请信。3a 是阅读，3b 是写作，主题都是"邀请"，主题意义是如何礼貌邀请他人。

2. 结构关联

3a 部分结构清晰，关于信的要素齐全，有称呼、正文、结尾部分，可以为3b 邀请信的写作提供结构支架。

3. 内容关联

在 3a 中，作者使用表示顺序的词语逐一讲述活动的内容，体现了邀请信的两大特征：具体(specificity)，提出了时间、地点、活动内容等邀请信的具体内容；礼貌(politeness)，如 please，would like 等词汇的使用。这些可以为 3b 邀请信的写作提供内容支架。

4. 语言关联

3a 在语言上，有关于邀请的一些基本句型，如"I would like to invite…""Please reply…"等，这些句型可以为 3b 邀请信的写作提供语言支架。

(二)教学目标诊断及改进建议

1. 第一次教学目标诊断及改进建议

第一次课的教学目标为：通过了解基本的规则，写一封邀请参加聚会或其他事情的邀请信；在提纲的帮助下写一封拒绝他人邀请的信，尤其要注意礼貌拒绝。

本次课的教学目标之间没有层次感，前面的阅读部分没有给后面的写作搭建支架。教学目标应该按照英语学习活动观的学习理解、应用实践、迁移创新三个层次进行设计，教学目标之间要有层次性。教学目标应该可达成、可操作、可检测。① 对于每个目标的达成要提出达成的途径或方式。

2. 第二次教学目标诊断及改进建议

第二次课的教学目标为：识别邀请信或回复信的结构；通过听或读找到邀请信或回复信的句型；通过列提纲和恰当使用目标语言，写一封邀请信或回复信。

在本次课的教学目标设计中，阅读部分为写作提供了一定的结构支架和语言支架，但是没有设定写作评价。

3. 第三次教学目标诊断及改进建议

第三次课的教学目标为：（1）通过速读文本，提取梳理关键信息，归纳结构（学习理解目标）；（2）通过细读文本和画思维导图，完成结构分析讨论，并初步运用语言完成邀请教师参加班级派对的仿写（应用实践目标）；（3）运用评价表进行自评、互评、展评，对同伴写作内容的清晰度和结构连贯性作出合理评价（迁移创新目标）。

该教学目标具有层次性，但是第二个目标的写作应该属于迁移创新层次，不属于应用实践层次，建议对第二个和第三个教学目标进行调整，原（2）、（3）修正后为三个目标：（2）通过细读文本和画思维导图，完成结构分析讨论并初步运用语言；（3）运用所学结构和语言写一封邀请教师参加班级派对的邀请信；（4）运用评价表进行自评、互评和展评。

（三）教学过程诊断及改进建议

1. 第一次教学过程诊断及改进建议

第一次课的教学过程如表 7-1 所示。

---

① 中华人民共和国教育部. 义务教育英语课程标准：2022 年版[S]. 北京：北京师范大学出版社，2022.

表 7-1 第一次课的教学过程

环节	内容
自由交谈	就 Housewarming Party 这一话题进行自由交谈。
读前活动	出示不同聚会的图片，让学生猜测名称。
读中活动	(1)快速阅读并回答文章大意。 (2)细读邀请信并回答细节问题： ①What is the invitation for? ②Where is it? ③When will the event happen? ④What will happen after this? ⑤Do parents have to bring anything? ⑥How should people reply to this invitation，and when? (3)通过让学生找出文本中的 beginning、body、ending 部分，教师展示邀请信每部分要点和句型，如"when：The party will be on …""preparation：I would also like you to…"来分析文章结构和语言。
读后活动	(1)教师向学生展示一篇邀请信的回复信，让学生阅读，并让学生整理这封回复信的框架。 (2)让学生找出所给邀请信中的有用的表达。
写作	学生分组写一封拒绝邀请的回信或写一封邀请信。
评价	学生自评（语法、拼写、文章主要部分)和同伴相互评价。

所谓"教学"不是单纯的"流程"，而是"展开"——在重点部分，设计共同展开深度探究的活动，创造教学高潮"场"。① 本次课教学环节中的读前部分、引入部分不自然，没有直奔主题。引入阶段应以直奔主题和激发学生阅读欲望为目的。在读中环节，学生通过速读和细读进行文章信息的获取，没有聚焦新的语言结构和词汇，没有为后面的写作搭建语言支架；文章结构分析没有体现学生主体性，没有体现对知识的深度加工，即没有体现"本质与变式"的深度学习特征。本课例的阅读阶段重在获取邀请信的结构和典型语言，写的阶段重在语言和结构的运用，评的阶段重在建立评价量表和展示写的成果。

---

① 钟启泉．深度学习[M]．上海：华东师范大学出版社，2021.

2. 第二次教学过程诊断及改进建议

第二次课的教学过程如表 7-2 所示。

表 7-2　第二次课的教学过程

环节	内容
引入	通过图片和头脑风暴列举不同的聚会名称。
复习	教师展示 12 月份的日历并说明一些要准备的聚会：New Year's party、parents' meeting、birthday party 等，学生四人一组，每组选择一个聚会进行讨论。讨论时学生要用已学的句型和词汇表达如何邀请、接受邀请、拒绝邀请，以及拒绝的理由，从而进行复习。
写前活动	(1)快速阅读并回答两个问题：What is the type of this composition? Why does the author write this letter? (2)细读邀请信并回答教材上的问题(与第一次相同)。 (3)找到文中的 beginning、body、ending 部分来分析文章结构。 (4)教师出示 5 个句子： ①Please reply in writing to this invitation by Friday，December 20th. ②The opening will be on the morning of Wednesday，January 8th at 9：00. ③Then lunch will be in the school hall at 12：00. I would also like to invite each parent to bring one book as a gift for the new library. ④After this，you can enjoy our school concert. ⑤I would like to invite you to the opening of our new library at No. 9 High School. 学生开展小组活动，根据文章结构把这些句子重新排序，圈出有用的短语和句型。 (5)学生齐读回复信，找到拒绝邀请信中较好的表达。
写中活动	给各组不同的写作任务：第一组和第二组写一封邀请好朋友 Peter 参加生日派对的邀请信；第三、四、五组写一封电子邮件邀请全班同学参加 2022 年新年晚会；第六组和第七组给 Frank 写一封拒绝参加他的生日聚会的回复信。学生写出草稿。
写后活动	学生根据教师给出的评价标准进行自评和同伴评价，教师选择 2～3 篇作文进行评价。

本次课虽让学生去找了 beginning、body 和 ending 的部分，但是为写作搭建的结构支架是由教师展示的，没有让学生去梳理。本次教学只是让学生找出文中有用的表达，没有进行语言的应用实践，没有体现深度学习的"活动与体验"特征。课堂上让学生齐读回复信，这样阅读没有任务驱动或问题导向。让学生阅读后逐一回答教材上的问题，文本信息梳理没有整体感且缺乏挑战性。佐藤学认为，"学校和教师的责任并不在于'上好课'，而在于实现每一个学生的学习权，给学生提供挑战高水准学习的机会"①。

本节课的教学改进建议如下：一方面，尽可能挑战学生。阅读后可以让学生来讲述整个信息，不采用一问一答的形式。另一方面，教师应该善于"放手"，学生能做的教师尽量不做。文章结构和重要句型应让学生划分或标记，并进行展示，而非由教师代劳。

3. 第三次教学过程诊断及改进建议

第三次课的教学过程如表 7-3 所示。

表 7-3　第三次课的教学过程

环节	内容
引入	教师出示一些聚会的图片，如 English culture and art festival, the pajama party，让学生猜测这些聚会的名称。然后引入如何写班级新年聚会邀请信。
写前活动	(1) 教师分发学习单，让学生阅读教材上的邀请信并填写学习单上的表格，找出邀请信中的一些具体信息：who, why, when, where, what, how。在讲评答案时，出现了新词 concert 和 event，教师通过例句和描述的方式让学生猜测词义。 (2) 学生阅读教材文本，在学习单上画思维导图，展示文章结构和邀请信的语言。 (3) 教师逐一问学生问题：How many parts does an invitation consist of? What information is included in each part? What language is used to express information? (4) 学生小组设计班级聚会，练习写聚会邀请信时会使用的语言，如写信目的、时间和地点、活动、准备和期望等，教师选取几位学生展示。

---

①　佐藤学. 学校的挑战：创建学习共同体[M]. 钟启泉，译. 上海：华东师范大学出版社，2010.

续表

环节	内容
写作	学生在学习单上写作。
评价	学生自我评价和同伴评价。评价时教师给出评价量表。
展示和讨论	教师展示一些活动图片，如 housewarming party，surprise/birthday party，graduation ceremony，welcome/farewell party 等，教师问：What's the purpose of the parties? 学生在学习单上写上自己的理解，然后师生一起讨论聚会的意义。

第三次课和前两次课相比有了很大的改进，教学效果明显好一些，本次课充分体现了学生的主体地位。学生在课堂上进行自主阅读，梳理信息，猜测新词，阅读后用思维导图梳理文章结构，师生讨论如何写邀请信的每一部分，学生练习邀请信的句型，充分体现语言内化的过程。本次教学过程体现文本信息结构化，学生分析、讨论、运用语言，体现了对知识的深度加工，实现了深度学习。本堂课使用学习单，学生通过"做中学"卷入学习。在课程最后，全班讨论聚会的意义，这体现了深度学习所追求的由符号学习走向逻辑学习，再到意义学习，体现了知识学习的层进性。①

本课也有一些不足。如学生阅读教材文本，通过填表梳理文本信息后，教师没有必要逐一问细节问题。学生填表的目的是对信息进行梳理，形成整体认知，而不是获取零碎的信息，所以在学生填表后，教师可以让他们尝试整体讲解。学生完成思维导图后，师生在讨论文本结构时问题太零碎，教师可以对这部分活动进行整体设计，即先让学生在组内用语言展示交流，最后请两位学生在全班展示，让学生在交流展示的过程中实践运用语言。

(四) 教学评价诊断及改进建议

1. 第一次教学评价诊断及改进建议

第一次课学生对语法、拼写、所写文章的主要部分进行自评和同伴相互评价，但是教师实施时没有给出评价标准，没有展示学生作品，评价效度不高。教

---

① 郭元祥. 论学科育人的逻辑起点、内在条件与实践诉求[J]. 教育研究，2020，41(4)：4-15.

师应该给出自评和互评的评价标准，以便学生能够有针对性地进行修改。

2．第二次教学评价诊断及改进建议

第二次课学生根据教师给出的评价标准进行自评和同伴评价，然后教师选择两篇作文进行评价。本次课的展示和评价，只请两位学生展示，覆盖面很窄，而且小组之间写的是不同的邀请信，全班展示的点评对其他小组的直接影响较小。教师可以让全班写相同任务的邀请信，写后进行小组交流，选出最好的在全班展示和交流，这样每位学生的作品都被关注到，学生可以根据优秀的点评来修改自己的作文。

3．第三次教学评价诊断及点评

第三次课学生进行自我评价和同伴评价。评价时教师给出了评价量表。全班通过小组合作的方式选了两位学生展示他们的作品，教师和学生进行全班点评。此次教学全班有同一个写作任务，采用评价量表开展学生自评、同伴评价和教师点评等多元评价。多元的评价可以弥补学生个体思维的局限，突破学生思维的定式，提升学生思维的发散性、批判性和深刻性。

基于深度学习的读写结合教学由主题意义连接读写，指向核心素养的学习目标，体现应用和迁移的学习活动，基于量表的多元评价，改变了阅读教学、语言知识教学、写作教学相互割裂的情况和浅层化的读写教学现状，实现了语言应用实践的学习，凸显了学生的主体地位，推动学习走向生活情境问题的解决，实现了迁移创新。

【本章小结】

本章为读写结合教学提供了一种路径，展示了如何从以单纯培养阅读素养为目的的教学发展到读写结合教学，写作的前提是对语篇的深度理解，写作是对阅读的迁移、运用和创新，可以展示学生解决现实问题的能力。

（注：本章内容已发表在《中小学外语教学》2022 年第 7 期，对部分内容进行了调整。）

第八章 "教—学—评"一体化视域下的读写结合教学实践

【本章提要】

读写结合可促进读写能力的双向发展，也是本项目中改善学生语言综合运用能力的重要手段。在实施读写结合教学的过程中，秉持"教—学—评"一致的原则有助于课堂教学效果的最大化。针对项目改进过程中教师读写结合教学存在的问题，本章以一节读写结合课的活动设计为例，探析"教—学—评"一体化视域下的读写结合教学设计的过程和方法，以增强英语读写课堂教学活动的整体性、关联性、层次性和高效性。

关键教师初次尝试读写结合教学时存在以下四个主要问题：第一，读写教学缺乏可统领读写两项技能的恰切整体目标；第二，教学设计浅层化，即读的部分仅侧重文意的理解和信息的提取，写的部分过多关注语言的准确度和多样性，却将内容和主题意义束之高阁；第三，读写评价手段严重缺失，教师反馈不够科学、系统和及时，学生自我反思意识薄弱，对同伴的作品质量关注程度不够；第四，各环节时间安排不够合理，经常不能在课堂上完成读写任务的全部环节。

因此，如何帮助教师创设科学合理的读写结合教学目标，设计高效且有思维梯度的读写活动，并在实施过程中以循证的方式不断评价、反思、反馈、调整，从而更好地实现教学目标，成为本轮针对读写结合教学改进的重点。

一、"教—学—评"一体化理念与读写结合教学

完整的教学活动包括教、学、评三个方面。"教"是教师把握英语学科核心素

养的培养方向，通过有效组织和实施课内外教与学的活动，达成学科育人的目标；"学"是学生在教师的指导下，通过主动参与各种语言实践活动，将学科知识与技能转化为自身的学科核心素养；"评"是教师依据教学目标确定评价内容和评价标准，通过组织和引导学生完成以评价目标为导向的多种评价活动，以此监控学生的学习过程，检测教与学的效果，实现以评促学、以评促教。①

从功能上看，教、学、评三个要素本身具有一致性："教"以目标为导向，指向学科核心素养的培养；"学"是为了发展核心素养，与教的内容保持一致；"评"则是为了促教和促学。因此，教、学、评三者本质一致，共同指向发展学生的学科核心素养。② 从课堂教学的实施层面上看，"教—学—评"一体化体现在目标既是出发点，又是归宿。③ 换言之，教学目标、教学活动与教学评价是一个整体，三者具有一致性。④

读写结合教学是使用单一语篇或多个语篇，以语言使用和发展为目的，以读写连接点为设计活动的起点，以多种引导性活动作为支架，将读和写在不同阶段进行结合，最终实现语篇的深度理解和语言迁移创新的教学方式。⑤ 在读写结合教学中，秉持"教—学—评"一体化理念为制订合理恰切的教学目标、实现评价手段的多元化、促进深度学习的发生和课堂教学的精准高效提供了保障。

第一，读写教学中的教学目标是选取语篇、设计活动、衡量教学效果等教学环节的依据，精准的目标可有效保障读写教学活动的精准高效。在"教—学—评"

① 中华人民共和国教育部. 普通高中英语课程标准：2017年版2020年修订[S]. 北京：人民教育出版社，2020：77.

② 王蔷，李亮. 推动核心素养背景下英语课堂教—学—评一体化：意义、理论与方法[J]. 课程·教材·教法，2019，39(5)：114-120.

③ 崔允漷，雷浩. 教—学—评一致性三因素理论模型的建构[J]. 华东师范大学学报(教育科学版)，2015，33(4)：15-22.

④ 安德森，克拉斯沃尔，艾雷辛，等. 学习、教学和评估的分类学：布卢姆教育目标分类学[M]. 皮连生，主译. 上海：华东师范大学出版社，2008：9.

⑤ 曾玲，罗少茜. 基于有效连接的初中英语邀请信读写结合课例研究[J]. 中小学课堂教学研究，2022(8)：9-12，49.

一体化理念下制订教学目标需基于深入的文本分析和学情分析①，对读写教学而言，前者保证了读写连接点的准确定位，后者是预设学生在教学结束后读写能力提升程度的重要依据，为读写课教学目标的制订提供方向和参考。

第二，"教—学—评"一体化理念下的评价是指在学生的学习过程中，教师持续观察学生的实际表现，发现表现与目标间的差距，评价学生在语言、文化、思维和学习能力等方面的进步与存在的问题，为调整教学提供参考，并促进教师采取相应的调节措施以保障最终达成教学目标。②这种课堂评价属于典型的形成性评价，主要功能是促进学习，其本质就是教师在实施教学的过程中收集教学目标是否达成的多种证据，采取多种方式检验学生学习效果并进行改进的动态过程。③读写结合课中的评价包括多维的角度和数据来源，因为读写能力本身及它的习得过程非常复杂④，"教—学—评"一体化理念下的多元课堂评价手段恰恰符合这一特征。

第三，由于"教—学—评"一体化理念下的教学目标是教学内容、学生发展和教师活动的统一，教师所选择的教学材料需要蕴含教学意图、发展学生思维、涵养学生情怀，使深度学习得以实现。⑤不仅如此，基于学生的最近发展区制订的教学目标也为深度学习的发生带来了可能性。而且，由多元主体进行的持续性课堂评价为学生表现持续提供清晰反馈，帮助教师及时调整教学，也帮助学生及时改进，并促进学习的社会性，这和深度学习的要求不谋而合。⑥

有恰切目标的引领、多元评价的共同作用、深度学习的发生，教学自然会更

---

①② 王蔷，李亮. 推动核心素养背景下英语课堂教—学—评一体化：意义、理论与方法[J]. 课程·教材·教法，2019，39(5)：114-120.

③ 罗少茜，张玉美，赵海永. 语言测试与评价：理论与实践[M]. 北京：外语教学与研究出版社，2021：239.

④ International Reading Association，National Council of Teachers of English. Standards for the assessment of reading and writing [M]. Revised edition. Newark：International Reading Association，2009：24.

⑤ 刘月霞，郭华. 深度学习：走向核心素养(理论普及读本)[M]. 北京：教育科学出版社，2018：64-67.

⑥ 钟启泉. 深度学习[M]. 上海：华东师范大学出版社，2021：66.

高效。因此，基于"教—学—评"一体化的读写结合教学可有效提高读写教学的整体性、关联性、层次性和高效性，其主要表现为：教师基于对课标、学情和文本的深入分析，制订表述具体、可测、可评价的读写结合教学目标，该教学目标指导基于英语学习活动观的各项学习任务的设定和实施，同时，该目标又决定了各环节的评价标准，帮助教师在实施各个环节过程中不断收集多元证据，供教师判定教学目标或预期效果是否达成，并进行相应调整。

二、教师初始读写教学情况分析

读写教学改进实施初期，教师的读写教学存在单元整体主题高度不够、文本分析浅表、学情分析欠深入、课标研读不够深入、教学目标制订欠合理等情况。

(一)初始教学设计

此课例为人教版《义务教育教科书 英语 八年级上册》Unit 9 Can you come to my party? Section B 3a－3b 的教学设计。①

教学内容	Unit 9　Can you come to my party? Section B 3a－3b.				
课时	Period 5	教学对象	八年级学生	设计者	张琼
一、教材内容和学情分析					
1. 教材内容分析 (1)教学内容：人教版《义务教育教科书 英语 八年级上册》Unit 9 Can you come to my party? Section B 3a－3b。 (2)单元教材分析：本单元主要围绕"邀请"这一功能语言展开话题。在 Section A 部分主要呈现了发出、接受、拒绝邀请的场面及与话题相关的词汇短语。Section B 是在 Section A 的基础上，借助日历引出关于日期及星期的问答，呈现相关词汇和句式，依据时间表对活动安排进行细化。在形式上从口头对话发出邀请，接受、拒绝邀请，逐步过渡到邀请函的阅读及写作。即从学生的听说能力过渡到读写能力培养。					

---

① 此课例由郑州市第七十三中学张琼老师设计。

（3）语篇分析：

What	语篇主题 语篇内容	语篇主题：人与社会—交际活动。 语篇内容：一个学校为新图书馆举行开幕式而准备的邀请函。学校邀请家长来参加开幕式，并描述开幕式的具体活动内容，如欣赏音乐会、午餐、分享好书。最后，明确了回复时间与方式。
Why	主题意义 写作目的 情感态度 价值取向	主题意义：加强人际活动的组织能力。 在日常生活中，经常会举行各种活动。写一篇表达恰当的邀请函，是一项实际的应用技能。通过书写邀请函，能够帮助学生梳理活动要点，提高学生的组织能力，并增加学生情感表达能力，使其重视人与人交往中恰当的情感交流。
How	文体特征 内容结构 语言特点	本文为一篇应用文。从 who、why、when、where、what、how 几个方面介绍邀请函，语篇结构清晰，句型简明扼要，适合在创设新情境中仿写。

2. 学情分析

（1）自然情况：授课对象为八年级学生 48 人。学生有学习英语的兴趣，对邀请他人的话题有一定了解。

（2）已学知识：经过一单元的学习，学生对邀请函有了初步的了解；学生对学校常见活动也有一定的积累。

（3）存在问题：学生对邀请函语篇结构和常用句型不熟悉，未能用连词和恰当句型清晰表达活动。

（4）解决措施：通过对短文的阅读，提取邀请函的语篇框架和语言支架，为学生提供熟悉的情境活动，让学生写自己感兴趣的邀请函。

二、学习目标

1. Students will be able to *find the key information of an invitation* through reading.

2. Students will be able to *describe the structure and proper sentences to make an invitation* through mind map and comparison.

3. Students will be able to *write a polite invitation of an event* with the structure and expressions they learn.

4. Students will be able to *evaluate partner's invitation with checklist* through peer editing.

三、重点、难点

重点：通过阅读获取相关信息，总结邀请函写作结构和句型，并依据实际情境，用恰当的语言句型书写邀请函。

难点：对邀请函的写作进行评价。

四、教法选择与学法指导
以任务型和情境教学为主，并加以启发和引导。学生则以自主学习、合作学习探究为主要学习方式，鼓励学生多合作、多质疑、多探究。教师少讲，给学生多练习的机会，突出高效课堂的特点。

五、资源准备
多媒体课件及相关教学资源。

六、教学过程(学习目标、活动内容、评价标准)		
学习目标	活动内容	评价标准
1. Students will be able to *find the key information of an invitation* through reading. (学习理解)	Activity 1 Lead-in 1. Every day we are busy with schoolwork，but there are colorful activities，too. 2. What activity did you have? What activity do you like? And why?	1. Students can name interesting activities and give reasons why they like them. (感知与注意)
	Activity 2 Reading T: This year, our school will have an opening of the new library. Here is an invitation. Let's read it and underline the answers to the questions. (1) Who is making the invitation? Who does he invite? (2) What's the invitation for? (3) When and where will the event happen? (4) What can people do? (5) How and when to reply to the invitation?	2. Students can find out key information of an invitation. (梳理信息)

设计意图：回顾学校举行的各种活动，温习教材七年级上 Unit 8 和七年级下 Unit 1 学过的学校活动和社会活动，如 School Day、Art Festival、help at old people's home，激活学生原有知识，激发学生对活动的热情。

创设情境，渗透阅读策略，培养学生通过阅读获取有效信息的能力，并明确邀请函写作的结构和重点句型。

续表

学习目标	活动内容	评价标准
2. Students will be able to *describe the structure and proper sentences to make an invitation* through mind map and comparison. （应用实践）	Activity 3 Mind map drawing Make a better invitation T: What do we talk about in an invitation? Can you draw a mind map of it? (Ss: We talk about the kind of event, time, place, activity, preparations, when and how guests should reply.) Pair work: If you are the headmaster of the school, what activity would you like to have? Try to draw a mind map and introduce it to your partner.	Students can use proper expressions to write an attractive invitation with clear structure and useful details. （分析判断与概况整合）
	Activity 4 Deep thinking 1. T: Do you think it is a good invitation? Why? (Ss: It has clear information and structure.) T: Look at these two different ways of writing an invitation. Which one do you like better? And Why? (1)I would like to invite you to a surprise party for our English teacher. (2)As I'm sure you know by now, our favorite teacher, Ms. Steen, is leaving soon to go back to the US. We're very sad that she's leaving because she is a fun teacher. To show how much we're going to miss her, let's have a surprise party for her. (Ss: The second one has clear reasons and the purpose of the party. And there are different adjectives to describe the teacher and students' feelings) So an attractive invitation should have clear reasons, interesting aims, attractive words. 2. For the library opening, what do you want to know more? Can you write more attractive sentences for the invitation of the library opening? 3. Besides clear structure and attractive details, what else is important for an invitation?	

设计意图：合理运用相关句型，丰富语言信息，并恰当布局语篇结构，提高学生的写作能力。

学习目标	活动内容	评价标准
3. Students will be able to *write a polite invitation of an event* with the structure and expressions they learn.（迁移创新）	Activity 5 Pre-writing As a headmaster，you have talked about the key information of your activity with your partner，can you complete your mind map with more attractive details of the event as a group?	Students can share their ideas of their activity.（创造与想象）
	Activity 6 Writing Make an invitation for your activity. Pay attention to the structure of the invitation and attractive expressions.	Each student can write an invitation.（创造与想象）

设计意图：创设真实情境，学生自主选择感兴趣的活动，初步策划活动。学生独立完成邀请函。

学习目标	活动内容	评价标准
4. Students will be able to *evaluate partner's invitation with checklist* through peer editing.（迁移创新）	Activity 7 Post-writing 1. Show the invitation to your partner and evaluate it with the assessment rules.（以提问方式总结） 2. Revise the article and show the best one of your group to the class.	Students show the invitation to others and revise it.（批判与评价）
	Activity 8 Homework Polish your writing to an attractive invitation.	Students can revise their works.（创新与评价）

设计意图：展示邀请函，并从结构、细节支撑、连接词、字体等方面评估改善文章。巩固学生书面表达能力。

评价量表		
Evaluation aspects（评价方面）		Stars you'll give
1	All important information is mentioned.（内容全面，与主题相关）	☆☆☆☆☆
2	The attractive/interesting/persuasive details can be seen in the passage.（吸引人/有趣/有说服力的细节）	☆☆☆☆☆
3	Linking words can be seen in the passage.（有连词运用，上下文连贯）	☆☆☆☆☆
4	It is free of spelling，punctuation and grammatical errors.（拼写标点语法正确）	☆☆☆☆☆
5	Hand-writing is easy to read.（字迹清晰可读）	☆☆☆☆☆
Total stars		

(二)教学设计分析

从教材分析部分可见，教师提炼出来的主题"邀请"只是停留在话语功能的层面上，和能够起到立德树人作用的真正主题意义并无联系。在文本分析的层面上，教师不但把文本的写作目的和主题意义混为一谈，且对于文本的分析并没有形成可以指导教学的具体脉络，只是为了分析文本而对内容进行简单描述。这样的文本分析恐难以有效指导后续的教学。

从学习目标的表述上看，第二个目标的动词和宾语搭配还存在不够一致的情况，例如 describe the structure and proper sentences。但是值得肯定的是，教师在每个目标的表述中都体现了相应的活动，而且活动的层级也是按照英语学习活动观层层递进的。

从教学活动和目标的一致性角度看，有些教学活动显得偏离目标。例如导入环节，本节课的重点是邀请，但是谈论喜欢的活动并且说明原因似乎和邀请没有什么关系。虽然最后的写作任务要求学生体现不同的活动，但是放在开篇难免让人觉得和主题无关，显得拖沓低效。另外，整节课并不是沿着主线"邀请"展开的，例如 Activity 2 中教师的陈述方式是"请画出以下问题的答案"，这样看起来教师并不像是在带着学生探究主题。最后，如果最终的输出是大目标，那么分解的过程势必要遵循从内容到结构，再到语言的步骤。本课 Activity 2 中教师让学生关注信息，但是并没有给学生足够的时间内化语言、关注结构，而是直接让学生写，此时学生的输出并不会体现出这节课学习的痕迹。

从评价量表看，本节课的评价不够具体，例如 Activity 7 的评价标准"Students show the invitation to others and revise it"，展示邀请信明显与评价无关，而修改的程度也没有说明，又如"All important information is mentioned"，可以具体说明重要的信息有哪些。

三、基于"教—学—评"一体化的读写结合教学策略

基于项目实施过程中的案例，项目组探究出了八条"教—学—评"一体化视域

下的读写教学的策略与建议。

(一)课标解读素养化

对于课标的解读要结合核心素养的四个维度,把学业质量水平标准与核心素养进行关联,以确保教学目标指向核心素养的发展。

(二)文本分析可视化

"教—学—评"一体化中最关键的基础环节就是教学目标的设定,而在确定教学目标的过程中,文本分析和知识体系的建构是重中之重。脉络清晰、具体翔实的知识体系图是保障目标创设清晰可测的必要环节。

(三)学情分析具体化

学情分析回答的是教学实施之前"我们在哪里?"的问题,唯有翔实具体,细化到具体的语言掌握情况、学习策略掌握情况,以及对主题意义的现有认知等各个核心素养维度的学情分析,才能保障目标接近学生的最近发展区,也才能指导具体的学习活动选择和提供评价反馈的手段。

(四)教学逻辑主题化

教学逻辑不是一篇文本的单一逻辑,没有任何一个语篇可以脱离单元而独自承载丰富深刻的主题意义。因此,教师应首先通读单元语篇,从学科本质视角,基于大观念确定指导思想,把握教学方向,从而实现对语篇主题意义的透彻把握,进而明确立德树人的方向。

(五)教学目标可测化

教学目标是评价标准制订的指导依据。表述合理的教学目标应该达到以下三个基本要求:包含关键的行为动词;包含具体的学习内容;包含实施教学行为的条件。这样的目标更具体、可测。

(六)教学实施渐进化

"教—学—评"一体化视域下的读写结合实施路径在教学环节上应遵循英语学习活动观的学习理解、应用实践、迁移创新三个层次。在主题上从感知主题到走近主题，最后到升华主题。在信息的梳理上从获取信息到加工信息，再到生成自己要表达的信息。总之，在各个维度都应逐层递进，由浅入深。

（七）证据收集多元化

从多元的评价主体到丰富的评价手段，再到承载评价手段的不同媒介、丰富的实施形式，读写结合教学的评价应遵循丰富性和多样性原则，服务复杂的读写能力提升过程。

（八）量表开发个性化

无论是出门条还是写作的自评、互评量表，都应是为服务本节读写结合课量身定制的，是围绕本节课目标、能够反映目标达成度的。因此，量表的设计具有个性化特质。

四、基于"教—学—评"一体化的读写结合教学改进实践

下面将从教、学、评三个维度，结合上文案例中的问题，呈现基于"教—学—评"一体化的读写结合教学改进过程。

"教—学—评"一体化视域下，设立具体、恰切、可以评价和测量的教学目标应该是每堂课的逻辑起点，也决定了读写结合课的实施效果。然而教学目标的设定绝不是一蹴而就的。在确定学习活动后，教师应对基于课标、学情和文本分析而初步设定的教学目标的叙述方式进行进一步细化，从而让目标变得更加具体、可测。

"教—学—评"一体化视域下的英语读写结合课常用的评价手段有多种类型，或者说教师判定目标达成情况的证据多元。参照威金斯提出的评估连续统，读写结合课的评价手段基本可分为互动、表现性活动、评价工具，以及其他非正式检查四类常见评价手段。① 互动类包括问答、讨论和其他课堂对话；表现性活动包括有声思维、思维导图和写作；评价工具包括出门条和各种评价量表（见图 8-1）。

---

① 威金斯，麦克泰格. 追求理解的教学设计[M]. 闫寒冰，宋雪莲，赖平，译. 上海：华东师范大学出版社，2017：171.

其中，评价形式根据其载体又分为以工具单为载体的评价形式和以师生为载体的评价形式两大类。

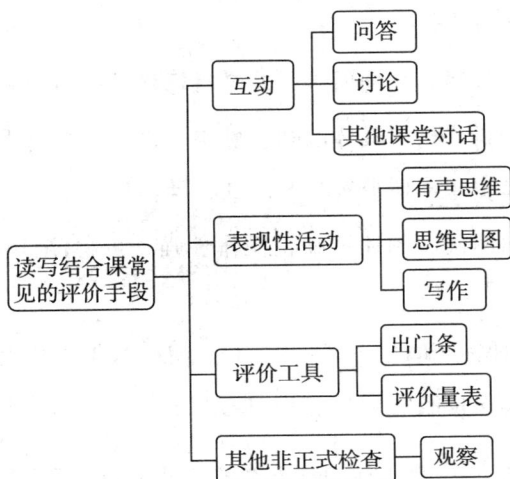

图 8-1 读写结合课常见的评价手段

读写结合的策略较多，费舍尔（Fisher）和弗雷（Frey）指出主要包括概要和列举（gist and list）、TIA（True/Important/Agree）、对话、读后续写、仿写等策略。① 本课例聚焦读写结合教学中的仿写策略，基于"教—学—评"一体化理念，阐述如何实践"教—学—评"一体化视域下的读写结合教学。课例阐释了如何基于单元逻辑、文本逻辑、学情、课程标准和考试说明生成表述清晰、指向明确、具体可测的学习目标，并示范了如何围绕这样的目标组织环环相扣、符合英语学习活动观的课堂教学活动。同时，还示范了如何基于学习目标确定评价标准或如何在课堂教学实践中收集多元证据，来确认教学效果的达成。

课例文本来源为人教版《义务教育教科书 英语 八年级上册》Unit 9 的 Section B 2b。考虑到"教—学—评"一体化视域下教学目标的重要性，下文首先从课标研读、文本分析、学情分析入手，细致描述课前教学目标的制订过程。然后，介绍

---

① FISHER D，FREY N. Close reading and writing from sources.［M］. Newark，DE：International Reading Association，2014：120.

在教学目标的统领下，导入、阅读、写作、升华四个环节的学习活动如何开展，以及对应每个活动的课堂评价手段。

（一）教学目标的确定

总的来说，叙述详尽、指向明确的教学目标不是一蹴而就的，教师应该依据课标要求进行文本分析，构建具体的知识脉络，再结合学情需求设定初步的教学目标，进而结合教学资源环境设置学习活动，并依据学习活动进一步调节、细化目标叙述，形成指向明确、阐述清晰、操作性强、可检测评价的课时教学目标。本课目标的确定如下：

首先研读《义教课标》和《中考考试说明》，明确八年级学生写作技能所需要达到的标准和中考对写作技能的要求（见表 8-1）。

表 8-1 《义教课标》和《中考考试说明》对"写"的要求

	《义教课标》		《中考考试说明》
写	1. 进行书面表达时，能正确使用所学语言，格式较为规范。 2. 能参照范例，仿写简短的文段（如回复信函等），语言准确，表意得体。 3. 能结合图片、文字等提示信息，对语篇进行补充、续编或改编，语言基本准确。 4. 能选用正确的词语、句式和时态，通过口语或书面语篇描述、介绍人和事物，表达个人看法，表意清晰，话语基本通顺。 《义务教育英语课程标准（2022 年版）》	写	1. 能初步运用准确的语法、恰当的词汇和句式完成书面任务。 2. 能在表达上初步做到内容完整、意义连贯、条理清楚和交际得体。 《北京市高级中等学校招生考试考试说明（2019 年）》

王蔷等指出教师应从单元主题的高度审视本课在单元主题意义的逻辑链条上承载的意义，从而明确本课立德树人角度的生长点。[①] 因此，明确对学生写作能

① 王蔷，周密，蔡铭珂. 基于大观念的高中英语单元整体教学设计[J]. 中小学外语教学（中学篇），2021，44（1）：1-7.

力的要求后，教师分两步对文本进行详尽的分析：站位单元的宏观分析和站位语篇的微观分析。首先，站位单元看，本单元话题为"Parties"，主题语境为人与社会，以 party 的邀约为起点，涉及 party 的活动、筹备和举办 party 的理由，旨在帮助学生学会在邀请别人以及接受或拒绝邀请时进行礼貌得体的交际，感受 party 背后承载的人与人之间温暖的情谊。其次，本课语篇内容（What）为邀请同学参加为教师举办告别派对的邀请信，以及两封分别表示接受邀请和拒绝邀请的回复，体裁为邮件。写作目的（Why）除邀请和回复邀请的交际目的外，还体现浓浓的师生情谊，体现立德树人的价值，引发学生思考 party 承载的意义，回扣整个单元的主题意义。从写作方式（How）上看，本文为非正式邮件，主题相关语言包括 party 的准备、举办 party 的原因、发出及回复邀请的相关表达。行文脉络为：

1. 邀请信：背景＋原因＋邀请＋准备＋期待；

2. 拒绝邀请信：评价＋原因＋准备；

3. 接受邀请信：感谢＋拒绝＋补救＋询问。

　　然而，止步于此还不足以充分提取文本的信息。教师可进一步从六要素的角度将对文本的梳理转化成一张具体到语言、主题、衔接、写作手法、具体策略等细节的文本结构图。这张图结合学情和课标，可以引导教师找到读写活动的连接，建立读写活动中的支架，并帮助教师确定恰切的、具体的、可测的教学目标，从而更高效地指导教学。具体而言，除了上文提到的体裁知识和主题意义，本课涉及的文化知识包括通过邮件得体邀请他人及回复他人的邀请，体会 party 的内涵。从学习策略的角度来说，本课可以发展学生的认知策略和元认知策略：前者包括学习邀请和回复邮件的行文方式、读前充分激活"节日"主题相关背景知识、利用思维导图建立读写关联支架、通过捕捉 topic sentence 理解文章写作主旨和意图；后者包括与同伴互助，发展阅读策略，以及根据评价标准，反思自我表现，评价同伴表现，调整学习行为，发展读写能力。（见图 8-2）

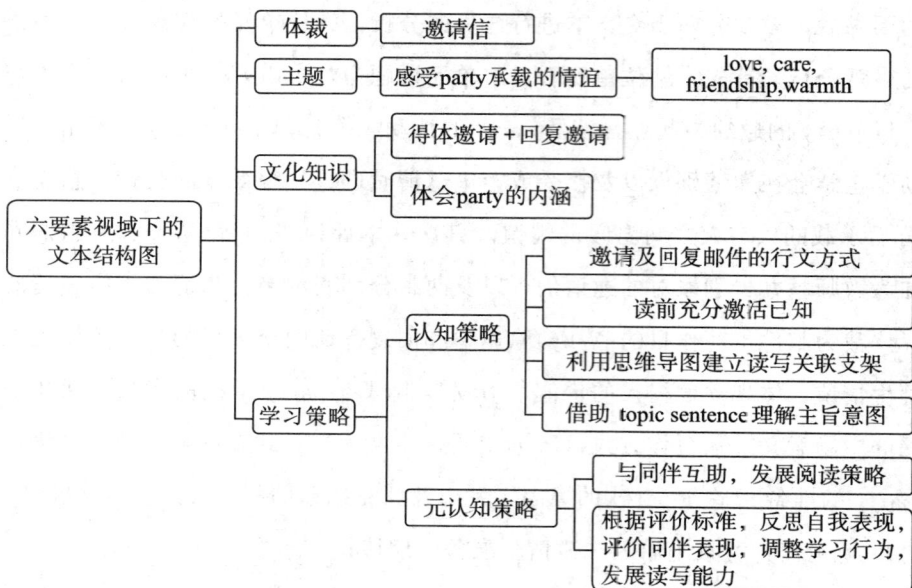

图 8-2　六要素视域下的文本结构图

除了以上宏观层面的文本分析，在微观层面，还可以重点探究文本的语言知识和语言技能。语言知识上，本文提供了邀请和回复的具体行文范例，衔接手段多用逻辑、省略和指代。文本内容涉及 party 的准备，相关语言包括 bring food and drinks，think of games to play，prepare things for the game，bring sb. to the party 等；举办原因的相关语言包括 sad to see her go，like，very sad to see her leaving…，like…because…，fun，to show how much we love her 等；发出邀请的相关语言包括 Can you come to the party? If so，please…等；接受邀请的相关语言包括 I can help with…/and I can help with…等；拒绝邀请及原因的相关语言包括 I'd love to go，but I'm not available，take a trip to Wuhan 等。本文主要涉及的语法项目是情态动词的用法。基于以上语言知识，在语言技能上，本课文本适用于发展学生提取写作意图和提炼内容、语言、结构支架的技能，培养学生关注写作的条理、简洁、连贯及得体的交际，以发展写的技能。

明确了培养方向和知识体系后，需深入分析学情。常见的分析要素包括回顾教材（明确之前各单元话题和语言知识）、形成性评价（日常作业批改、工具单、课堂观察等）、终结性评价（大型考试试卷）、问卷（学生陈述）、访谈和观察等。通过分析，得出以下结论。

在话题相关表达方面，学生在本单元的前几课时学习了 party 活动的相关表达，以及邀请和回应邀请的口头相关表达，但部分学生还不能完全内化这些语言。在其他如学校生活、计划、娱乐等话题的学习中也有涉及相关活动的表达，因此本节课需要通过多元手段继续内化和巩固相关语言，并鼓励已掌握这些语言的学生继续拓展表达。

在主题意义探究方面，学生对于 party 的认识仅停留在娱乐层面，并没有深刻地意识到 party 承载的内涵。

在读的方面，学生具备提取文本细节信息的能力，一直以来都有画思维导图梳理文本脉络的习惯，但总结归纳能力较弱，文体意识不足。

在写的方面，学生在内容的相关度、条理度和语言的简洁度上存在很大的提升空间。在表达的准确度上，句子层面最普遍的错误就是动词使用不准确，在交际层面，学生也很少关注交际者身份带来的语用差异。

基于课标研读、深入的文本分析和学情分析，在三者重叠的部分初步确定本节课的教学目标范围为：文体、归纳、相关度、条理性、简洁度、动词的准确性、语用、得体性。但由于本课时间有限，舍掉教材文本体现得不十分突出的简洁度和得体性，初步确定目标表述（见表 8-2 左）。

在此基础上确定学习活动，加入达成目标需要的行为活动及行为程度。最后，加入学习内容细化目标的叙述，使之成为指向明确、阐述清晰、操作性强、可检测的目标（见表 8-2 右）。至此形成符合"教—学—评"一体化理念的具体、可测的教学目标。

表 8-2　初步确定的目标和细化后可检测的目标对比

初步确定的目标	细化后可检测的目标
在本节课结束时，学生能够： 1. 提炼写作意图。 2. 归纳出关于邀请信和回复信的支架。 3. 总结作者是如何实现相关性和条理性的，仿写一封回复信。 4. 纠正作品中动词的错误。 5. 深入思考 party 的内涵。	在本节课结束时，学生能够： 1. 通过速读文本，提炼三封信的写作意图。 2. 通过细读文本和思维导图，归纳出邀请信结构支架"背景—目的—事件—询问—准备—期待"，和回复信结构支架"评价/感谢＋回应＋原因＋能提供的帮助"。 3. 通过对比、分析和评价，总结作者是如何实现相关性和条理性的，并运用所获信息和支架，结合写作主题，联系自身实际，有条理、无冗余信息地仿写一封邀约的回复信。 4. 通过典型错误集体纠正，自评、互评，注意并纠正自己作品中动词的错误。 5. 通过 Critical thinking 环节，联系自己的生活实际，深入思考 party 的内涵。

（二）读写结合教学的实施

本课有导入、阅读、写作、升华四个环节。其中涉及的评价手段包括互动、表现性活动、评价工具及其他非正式检查四大类。下面展示的是四个环节在教学目标、学习活动和效果评价三个维度的具体内容，并对设计意图和评价形式进行说明。

环节 1　导入

教学目标	学习活动	效果评价
铺垫目标 5 通过 Critical thinking 环节，联系自己的生活实际，深入思考 party 的内涵。	Revision What's the topic of this unit? What kind of parties do you know?	• 教师观察学生是否能够说出并在学习单上写出不同类型的 party，根据学生表现给予引导或反馈。

设计意图和评价形式：通过复习，激活已知主题知识，并为语言输入和主题升华进行铺垫。本环节涉及的评价形式为教师的观察和填写工具单。

环节 2 阅读

教学目标	学习活动	效果评价
目标 1 通过速读文本，提炼三封信的写作意图。	Task 1 Prediction What's the genre of the text? How do you know? What kind of party is the text about? Task 2 Skimming What kind of party are the three messages about? What is the purpose of each message?	• 教师观察学生是否能通过文体特征说出文章体裁（或写在工具单上），是否能基于自己的理解说出文本涉及的聚会类型，在发现问题时及时提供帮助。 • 教师观察学生是否能正确回答以上问题，同教师一起在学习单上列出答案，以及在教师引导下是否能自主提炼或被动在学案上写出 purpose, event, hope, preparation, enquiry 等上位词，并在必要时给予帮助。
目标 2 通过细读文本和思维导图，归纳出邀请信结构支架"背景—目的—事件—询问—准备—期待"和回复信结构支架"评价/感谢＋回应＋原因＋能提供的帮助"。	Task 3 Q & A of Message 3 When is the party? Who is the party for? Why is there such a party? Who did David invite to the party? What can they do at the party? Task 4 Mind map drawing Work in groups and draw a mind map of Message 1 and Message 2.	• 教师观察学生是否能正确回答出以上问题，在学习单上列出答案，并在教师引导下自主提炼或被动写出 purpose, event, hope, preparation, enquiry 等上位词。 • 教师观察学生是否能画出"评价/感谢＋回应＋原因＋能提供的帮助"支架并列出相关核心信息，在需要时给予支持和反馈。
目标 3 通过对比、分析和评价，总结作者是如何实现相关性和条理性的。	Task 5 Comparing and analyzing (Discuss in groups) Present the Ss a reorganized version of Message 1 and Message 2.	• 教师观察学生是否能识别学案中 Message 1 中删掉的句子与前一句的因果关系，是否能识别与所回复信息无关的句子；是否能指出 Message 2 中的句子不可调换顺序，并在教师引导下总结出实现连贯和条理的手段（呼应回信、提供支撑、运用逻辑衔接词、利用省略指代、信息层层递进）。在需要时给予支持和反馈。

设计意图和评价形式：本阶段学习活动旨在帮助学生在主题引领下理解文本并为写作提供支架和语言知识。通过预测和验证预测，培养学生的阅读策略；通过明确文体和提炼三封邮件的大意，为提炼写作的支架作铺垫。在邀请信提取细节的过程中，提炼上位词，形成邀请信的内容支架，并在绘制思维导图的过程中，提炼内容支架，内化回复信和主题语境的相关语言，铺垫写作。通过对比分析，让学生感受语言条理和信息连贯的重要性，总结实现相关性和条理性的基本准则。本环节涉及的评价形式包括问答、填写工具单、绘制思维导图和教师的观察。

环节 3　写作

教学目标	学习活动	效果评价
目标 3 通过对比、分析和评价，总结作者是如何实现相关性和条理性的，并运用所获信息和支架，结合写作主题，联系自身实际，有条理、无冗余信息地仿写一封邀约的回复信。 目标 4 通过典型错误集体纠正，自评、互评，注意并纠正自己作品中动词的错误。	Task 1 Discussing and drawing a mind map If you also received David's invitation, write him a reply. Discuss and draw a layout for your email. Task 2 Writing and evaluating the writing 1. Read the evaluation criteria carefully and get ready for writing. 2. Write(教师把看到的动词典型错误写在黑板上＋共同改错). 3. Self-editing and peer editing. 4. Presentation and teacher feedback.	•教师观察学生能否画出带有正确一级信息和二级信息的思维导图，并在同伴的协作下扫除语言上的障碍。 •教师观察学生是否能在写作前明确要达成的目标、运用已知输出一封回信；是否能在教师和量表的引领下关注典型的动词错误和自己及他人作文中的问题，并作出客观判断。在必要时，教师应给予支持。

设计意图和评价形式：本阶段学习活动旨在引导学生运用阅读获得的内容、结构和语言支架，生成自己的作品。通过对比和分析，感受语言的内在逻辑和衔接。合作列提纲，用同伴已知补自己未知，并将思维外显。通过写前明确评价标准，让学生明确写作被期待达成的效果。在自评与互评之前，教师用典型错误进

行动词的纠正示范，帮助学生最大限度地避免语言上与动词相关的错误。本环节涉及的评价形式包括问答、填写工具单、绘制思维导图和教师的观察。

环节 4 升华

教学目标	学习活动	效果评价
目标 5 通过 Critical thinking 环节，联系自己的生活实际，深入思考 party 的内涵。	Task Critical thinking Why do people have parties? Assignment and exit slip: Write a letter of invitation modelling on Passage 1 to Ms Steen. Make sure to be: 1. relevant 2. logical 3. sincere Finish the exit slip.	·教师观察学生是否可以回答出或在学习单上写出 party 蕴含着人与人之间的情谊。 ·教师观察学生是否能在课后没有支撑的情况下，写出一封结构完整、内容相关、有条理的邀请信；是否可以客观评价本节课自己和教师的表现。

设计意图和评价形式：本阶段学习活动旨在引导学生对主题有更加深刻的认识。本课使学生深度思考 party 的内涵，起到立德树人的作用。最后，基于整节课，学生再次梳理已学知识，并对本节课的教学作出客观真实的评价，从而更好指导教师未来的教学。本环节涉及的评价形式包括问答、写作、填写评价量表、填写出门条和教师的观察。

本课的自评、互评量表（表 8-3）与出门条（表 8-4）如下。

表 8-3 自评、互评量表

Evaluation Checklist(√ ×)	Self	Peer
清晰地呈现了写作意图。		
全文句子在 6 句以内。		
文章的结构遵循了"评价/感谢＋回应＋原因＋能提供的帮助"支架。		
其中"原因"和"能提供的帮助"具有相关支撑。		
所有的动词形式都正确（如有错请在此改正）。		
所有信息都和 David 的来信有关。		
运用了 2 个以上逻辑衔接词。		

表 8-4　出门条

Exit Slip 请客观评价自己本节课的表现(请为自己打分，并在对应的分值下画√)					
Self-check Items	1	2	3	4	5
1. 我准确提炼了三封信的写作意图。(语言)					
2. 我明确了回复邀请的邮件框架。(学习)					
3. 我的作品仿照了课文支架，有条理且无冗余信息。(语言、思维)					
4. 我的作品中动词没有错误。(语言)					
5. 我对 party 的内涵有了新的认识。(文化、思维)					
6. 在画思维导图环节，我和同伴进行了积极的合作。(学习)					
7. 我能做到客观准确地评价同伴和自己的写作作品。(学习)					
Feedback on the teacher 老师，关于这节课我想对您说： 我喜欢： 我希望：					

　　综上，"教—学—评"一体化视域下的读写结合教学遵循英语学习活动观的三个层级，围绕教学目标，按照导入、阅读、写作和升华四个步骤层层推进，指向目标达成。在教学过程中，多元主体展开的多元评价贯穿其中，为目标的达成情况提供依据。值得指出的是，整个教学设计的总时长并没有设计满 45 分钟，而留白了几分钟作为评价后的机动时间。这样，真正的学习更有可能在等待中发生，这也是评价的意义所在。

　　"教—学—评"一体化视域下的教学是科学制订目标、关注学习是否真的发生、带有循证精神的教学。在读写结合教学中，它有利于推动读写有效结合、强化学习策略、促进深度学习发生，鼓励教师俯下身子，从学生的眼中看自己的教学效果。落实"教—学—评"一体化视域下的读写结合教学，促进学生读写能力的双向发展，让核心素养更好落地。

【本章小结】

本章基于"教—学—评"一体化理念，依托案例，细致阐述了如何基于文本、课标、学情创设清晰可测的教学目标，如何基于教学目标选择恰切的教学活动，以及如何基于教学目标和教学活动实施相应形式的课堂教学评价，从而为一线读写教学提供参考。

第九章　基于产出导向法的读写结合教学实践

【本章提要】

产出导向法（POA）是北京外国语大学中国外语与教育研究中心团队创建的具有中国特色的外语教学理论，旨在克服中国外语教学中"学用分离"的弊端。POA最初运用于大学英语教学，引起广泛关注后，逐步运用于中学英语教学及其他语言教学。将POA运用于中学英语读写结合教学中，探索基于POA的中学英语读写结合教学设计流程，遵循基于"驱动—促成—评价"循环链的教学流程。基于POA的中学英语读写结合教学，将读与写、学与用关联起来，解决学生学用分离问题。本章构建了基于POA的中学英语读写结合教学设计流程，并以郑州市中学英语教学改进项目两节同课异构教学课例为例，分析基于POA的中学英语读写结合教学设计与实施，为一线教师提供可借鉴的经验和可参考的实施步骤。

英语教学存在重输入轻输出、轻输入重输出、有输入无输出等现象，导致学生在英语写作时经常出现"无话可说"或"有话不会说"的情况。"无话可说"是因为内容积累不够或对内容了解不多，"有话不会说"则是因为语言积累不够、语言运用能力不强。《普通高中英语课程标准（2017年版2020年修订）》（以下简称《高中课标》）和《义教课标》均提出，"听、读、看是理解性技能，说和写是表达性技能。理解性技能和表达性技能在语言学习过程中相辅相成、互相促进"[1][2]。读写结合就是理解性技能和表达性技能结合。

POA是北京外国语大学中国外语与教育研究中心团队创建的具有中国特色

---

① 中华人民共和国教育部. 普通高中英语课程标准：2017年版2020修订[S]. 北京：人民教育出版社，2020.

② 中华人民共和国教育部. 义务教育英语课程标准：2022年版[S]. 北京：北京师范大学出版社，2022.

的外语教学理论，旨在克服中国外语教学中"学用分离"的弊端①，即"输入—内化—输出"过程中未有机整合的问题。POA 始于输出，终于输出，输入是促成输出的助推器。② 英语教学中的"读"为"输入"，"写"为"输出"，读写结合为输入与输出相结合。将 POA 运用于中学英语读写结合教学，建立输入与输出之间的关联点，解决学用分离问题。

一、POA 相关研究述评

（一）POA 研究概述

POA 理论正式命名于 2014 年 10 月，继承了我国教育的优良传统，借鉴国外外语教学理论和实践的优秀成果，立足于解决我国外语教学中"重学轻用""重用轻学"的不良倾向，改变"学用分离"现状。③ 该理论体系包含"教学理念""教学假设""教学流程"三部分。④教学理念起着指南针的作用，决定着教学假设、教学流程的方向和行动的目标；教学假设受到教学理念的制约，同时也是决定教学流程的理论依据，是教学流程检验的对象；教学流程一方面要充分体现教学理念和教学假设，另一方面作为实践为检验教学假设的有效性提供实证依据。⑤ 通过实践，教学流程反过来验证及支撑教学理念和教学假设。

POA 既是教学理论(体系)又是教学方法。从其所包括的教学理念、教学假设和教学流程三部分视角看，POA 是教学理论(体系)；从教学实施、教学步骤、教学实践视角看，POA 是教学方法。POA 教学流程包括驱动、促成和评价三个环节，后发展成由"驱动—促成—评价"组成的若干循环链⑥，POA 最新理论体系为 POA3.0 版本，如图 9-1 所示。

---

①④　文秋芳. 构建"产出导向法"理论体系[J]. 外语教学与研究，2015，47(4)：547-558，640.

②　文秋芳，毕争. 产出导向法与任务教学法的异同评述[J]. 外语教学，2020，41(4)：41-46.

③　文秋芳."产出导向法"的中国特色[J]. 现代外语，2017，40(3)：348-358，438.

⑤⑥　文秋芳."产出导向法"与对外汉语教学[J]. 世界汉语教学，2018，32(3)：387-400.

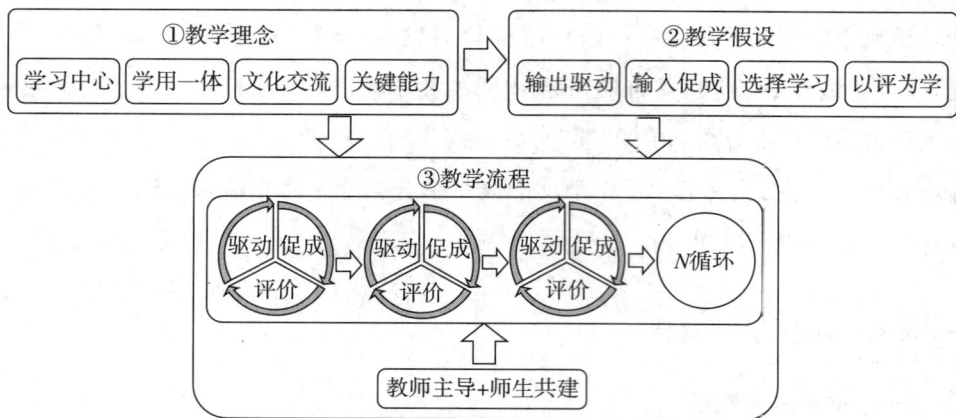

图 9-1　POA 理论体系

　　由图 9-1 可见，POA 中教学理念包括"学习中心说""学用一体说""文化交流说""关键能力说"；教学假设包括"输出驱动""输入促成""选择学习""以评为学"；教学流程采用平行推进式，由"驱动—促成—评价"一个完整循环完成，也可在内部进行微循环，以达成微产出目标。① 同时，在教学流程中对教师和学生的作用进行了更清晰的界定，强调教师主导下师生合作共建的教学过程。驱动环节的主要任务是通过产出使学生认识到自己的不足，从而调动他们的学习积极性，激发学习欲望。② 驱动环节共三个步骤：教师呈现交际场景—学生尝试完成交际活动—教师说明教学目标和产出任务。促成环节是 POA 的关键环节，也包含三个主要步骤：教师描述产出任务—学生进行选择性学习，教师给予指导并检查—学生练习产出，教师给予指导并检查。③教师需要在这个环节将输入材料转化成系列促成活动，为学生搭建支架，帮助学生完成产出任务。完成每项产出任务需要具备三个条件：内容、语言和话语结构。④衡量这个环节的指标有三个：精准性、渐进性和多样性。⑤ 评价环节是 POA 必不可少的教学环节，可以对促成活动进行即时评价，也可以对产出成果进行即时或延时评估。在中学英语教学中，实施较多的是即时评

---

① 　文秋芳."产出导向法"与对外汉语教学[J].世界汉语教学，2018，32(3)：387-400.

②③④ 　文秋芳．构建"产出导向法"理论体系[J].外语教学与研究，2015，47(4)：547-558，640.

⑤ 　文秋芳."产出导向法"教学材料使用与评价理论框架[J].中国外语教育，2017，10(2)：17-23，95-96.

价，较为显性的即时评价行为主要是对口头产出结果或书面产出结果开展的评价。

(二)基于 POA 的读写结合教学研究述评

POA 最初运用于大学英语教学，引起广泛关注后，逐步运用于中学英语教学及其他语言教学，旨在解决"学用分离"问题。基于 POA 的写作教学与读写结合教学均将输入输出融为一体。从材料确定和准备过程看，POA 提供了有用的指导原则和材料，但可以灵活调整，可以让教师开发和整合他们自己的教学材料。① 在 POA 教学材料的准备过程中②，教师在前期分析时要研究教学材料、学情和教情，根据研究的实际情况设定单元整体目标，之后再选择、确定输入材料，并把输入材料转换成系列活动。POA 教学材料的使用步骤取决于教学流程的实施和产出目标的达成。③ 从操作层面上看，使用教学材料可以简单总结为选、调、改、增："选"就是从现有资源中挑选一部分材料；"调"指对现有材料的先后顺序重新安排；"改"指对现有材料进行修改；"增"指教师自己选择新材料。④从选择和转换材料及促成有效性看，邱琳选择与转换阅读输入材料，设计系列促成活动，探索促成有效性标准"精准性""渐进性""多样性"及其落实步骤和落实途径，进行有效性评价。⑤ 张伶俐以《新一代大学英语综合教程》第二册第四单元为例，以大学一年级非英语专业学生为研究对象开展教学实践，选择和转化教学材料，探索教学材料有效性、促成活动有效性、产出目标达成性，较好地实现了预期教学效果。⑥ 从大学英语教学精准对接产出目标来看，文秋芳指导学生对阅读材料等输入性材料进行选择性学习，使学生能够从输入中选择产出任务所需的内容、语言形式和话语结构。⑦ 邱琳依

---

① MATSUDA P K. Some thoughts on the production-oriented approach[J]. Chinese journal of applied linguistics，2017，40(4)，468-469.

②④ 文秋芳. "产出导向法"教学材料使用与评价理论框架[J]. 中国外语教育，2017，10(2)：17-23，95-96.

③ 毕争. "产出导向法"教学材料使用的辩证研究[J]. 现代外语，2019，42(3)：397-406.

⑤ 邱琳. POA 教学材料使用研究：选择与转换输入材料过程及评价[J]. 中国外语教育，2017，10(2)：32-39，96.

⑥ 张伶俐. POA 教学材料使用研究：基于不同英语水平学生的教学实践[J]. 中国外语教育，2017，10(2)：47-53，97.

⑦ 文秋芳. 构建"产出导向法"理论体系[J]. 外语教学与研究，2015，47(4)：547-558，640.

据《新一代大学英语（发展篇）》第七单元"法律与道义"教学材料，设计并实施POA促成活动，从内容、语言、结构三方面有效促成和产出。① 具体到大学英语写作教学，张文娟在促成环节选用 2 篇文字材料和 1 篇视听材料作为输入材料，将教学分为三个子环节，分别聚焦"观点""语言""语篇结构"的促成，帮助促成写作任务的完成。② 张伶俐对大学一年级 129 名大学生开展一学期教学实验，检验 POA 教学有效性，研究发现：与对照组相比，实验组英语写作水平显著提高。③

当前基于 POA 的中学英语读写教学研究主要利用教材中的阅读语篇或读写板块实施。马利、孙海英在译林版《义务教育教科书 英语 八年级上册》Unit 6 Reading 部分开展 POA 教学，以教材文本语篇阅读为基本输入，在英—英释义、段落大意匹配、事实信息判断及语言运用测试等习题中融合输入和输出，以学生完成一份学习手账作为写作产出任务。④ 孙幸立利用人教版《普通高中教科书 英语》Reading for Writing 板块实施 POA 教学，构建 POA"输出驱动—输入促成—产出评价"读写教学模式，激活学生读写动机，以阅读铺垫写作、以评价巩固读写，提高了读写教学的有效性。⑤ 张运桥以牛津译林版《英语 必修 7》Unit 1 Living with Technology 的单元写作练习为产出任务开展 POA 读写教学，提供相应的教学材料为范例，从驱动、促成和评价三个方面促戒学习发生，缩小产出与输入之间的距离，探索 POA 具体操作方法，培养学生核心素养。⑥ 语篇输入时充分利用语篇进行选择学习，搭建输出"脚手架"。综上所述，基于 POA 的中学英

---

① 邱琳. "产出导向法"促成环节设计标准例析[J]. 外语教育研究前沿，2020，3(2)：12-19，90.

② 张文娟. "产出导向法"对大学英语写作影响的实验研究[J]. 现代外语，2017，40(3)：377-385，438-439.

③ 张伶俐. "产出导向法"的教学有效性研究[J]. 现代外语，2017，40(3)：369-376，438.

④ 马利，孙海英. 智慧课堂环境下基于 POA 的初中英语教学实践[J]. 中小学英语教学与研究，2021(6)：17-20.

⑤ 孙幸立. 基于"产出导向法"的高中英语读写教学模式探究[J]. 中小学英语教学与研究，2021(10)：49-53，69.

⑥ 张运桥. 产出导向法指导下的高中英语写作教学实践[J]. 中小学外语教学（中学篇），2020，43(5)：1-6.

语读写结合教学遵循 POA 教学流程——从"尝试写作输出"到"阅读输入",再到"写作输出",即为"输出—输入—输出"读写结合教学流程。促成环节将以产出为导向的输入阅读材料和写作输出融合在一起,输入输出关联,输入输出一体化。

二、基于 POA 的读写结合教学设计策略

最好的设计应该是"以终为始",从学习结果开始的逆向思考。① POA 始于产出,终于产出②,与"从学习结果开始的逆向思考"相似。在输出驱动环节尝试产出,到促成环节输入促成,再到正式产出,基本过程为"输出—输入—输出"。学生应通过大量的专项和综合性语言实践活动,发展语言技能,为真实语言交际打基础。③ 在 POA 读写结合教学中,教师设计大量语言实践活动,通过活动发展学生语言技能,提升学生读写能力。根据教材开展基于 POA 的中学英语读写结合教学时,必须先分析教材中的单元主题、单元教学材料,研究学情和教情,据此确定某一节课、某一项技能培养的教学目标和产出目标。POA 理论框架中,输入为的是促成产出活动的完成,输入材料是完成产出的手段和工具。④ 常规的中学英语读写结合教学一般从阅读输入到写作输出进行正向设计;基于 POA 的中学英语读写结合教学则先从写作输出到阅读输入进行逆向设计,再从阅读输入到写作输出进行正向设计。本章展示的课例为逆向设计与正向设计相结合。课例中,教师根据单元主题,初步梳理课本教学材料与课外增加教学材料,结合产出目标进行基于 POA 的读写结合教学流程设计,基本遵循从尝试写作输出到阅读输入,再到写作输出的教学流程(见图 9-2)。

---

① 威金斯,麦克泰格. 追求理解的教学设计[M]. 闫寒冰,宋雪莲,赖平,译. 上海:华东师范大学出版社,2017.

② 文秋芳. "师生合作评价":"产出导向法"创设的新评价形式[J]. 外语界,2016(5):37-43.

③ 中华人民共和国教育部. 普通高中英语课程标准:2017 年版 2020 修订[S]. 北京:人民教育出版社,2020.

④ 文秋芳. "产出导向法"教学材料使用与评价理论框架[J]. 中国外语教育,2017,10(2):17-23,95-96.

		阅读教学材料	→	A.课本教材/B.课外教材/C.课本+课外教材
	确定教学材料	确定选择学习材料	→	从上述A/B/C三种情况确定其一
		分析选择学习材料	→	对确定材料进行多方面分析
	确定教学目标	确定交际目标	→	根据材料分析确定目标,如口语/书面产出
		确定语言目标	→	根据材料和交际目标,罗列语言目标
	确定产出目标	→	确定写作产出目标,包括写作文体、写作内容	

基于POA的读写结合教学设计

驱动
- 步骤1"教师呈现交际场景" → 产出场景四要素"话题、目的、身份、场合"
- 步骤2"学生尝试完成交际活动" → 学生尝试产出、学生意识不足、即时诊断问题
- 步骤3"教师说明教学目标和产出任务" → 列出主要问题、说明交际目标和语言目标、明确产出目标

设计教学流程

促成
- 步骤1"描述产出任务" → 基于语言目标和产出目标描述
- 步骤2"学生选择学习、教师指导"
  - 处理教学材料 → 阅读教学材料 / 理解教学材料 / 分析教学材料
  - 根据材料设计促进活动 → 设计内容促成活动 / 设计结构促成活动 / 设计语言促成活动 —— 有机融合促成
  - 教师引导学生通过系列活动实现内容、结构、语言小循环产出
- 步骤3"学生产出、教师指导" → 学生将所学运用到产出任务中—教师巡堂及时指导—检查练习产出

评价
- 对促成活动进行即时评价
- 对产出结果进行即时评价 → 师生共评/教师评价—同伴互评—个人自评 —— 本章课例重点突破
- 对产出结果进行延时评价 → 师生合作评价(TSCA):课前准备—课内实施—课后活动 —— 本章课例不涉及

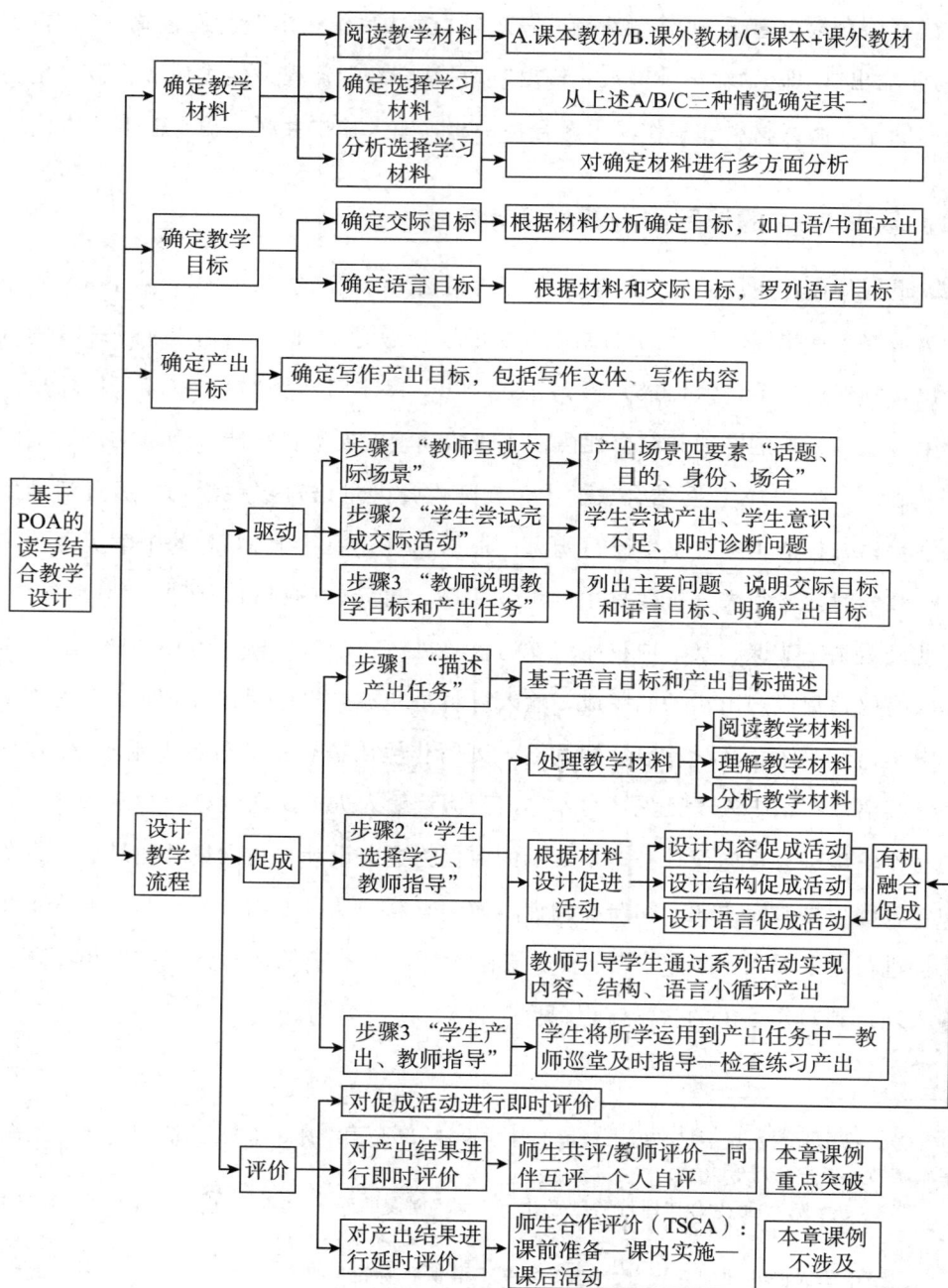

图 9-2　基于 POA 的读写结合教学设计

三、基于 POA 的读写结合教学实践

为了让英语教师有例可循，以郑州市中学英语教学改进项目两节同课异构教学课例为例，分析基于 POA 的读写结合教学设计与实施。该课例为人教版《义务教育教科书 英语 八年级下册》Unit 10 I've had this bike for three years 其中一课，具体内容为"My favorite old thing from childhood"读写结合教学课。两节课例分别从确定教学材料、确定教学目标、确定产出目标、设计思路分析、教学实施分析五方面着手。

(一)确定教学材料

基于 POA 的读写结合教学材料共有三种来源方式：一为课本教学材料，二为课外教学材料，三为课本教学材料与课外教学材料相结合。同课异构两节课例所使用的教学材料均由课本语篇与课外增加的语篇组成。以课本的两篇文章为前期基础学习材料，教师先带领学生完成本单元两个语篇教学。在此之后，两位教师结合课本写作要求另外选择语篇材料或自己编写语篇材料供学生选择学习，引导学生进一步阅读和写作。教师将增加的语篇材料作为学生进行读写结合的主要输入材料，将材料转化为系列促成活动。

1. 课本阅读语篇内容

本单元共有两个阅读语篇，分别为：语篇 1——Section A 3a Yard Sale；语篇 2——Section B 2a Hometown Feelings。语篇 1 Yard Sale 介绍庭院拍卖会，即利用周末将家中搁置不用的物品放在自家庭院廉价出售。语篇先描述了孩子对出售旧物的不舍，再描述了自己对旧物的不舍，表达了父亲、儿子、女儿三人对旧物的感情。语篇 2 Hometown Feelings 讲述故乡情怀。有些人住在家乡，有些人一年只能看一两次家乡，部分人对因为工作忙无法回到家乡感到无奈。通过描述家乡具体景象，刻画出快乐童年的影像，语篇最后以"家乡在我们心中留下了许多柔软而甜蜜的回忆"结束。

以上两个语篇通过描述对旧物品的恋恋不舍和具体人物的故乡情怀，表达了人物内心最真挚的感情。在单元学习时，教师引导学生进行语篇研读和语篇学习，培养学生的语篇能力。这是两节课例共同的课本教材基础。

2. 课外输入语篇内容

该单元 Section B 3a—3b 为写作题目和写作要求。3a 通过提问的方式引导学生说出孩童时代最喜欢的、仍然保存的物品，以及这件物品保存多久、如何获得、为何喜欢、为何特别等，为学生写作初步搭建内容支架。3b "Write three paragraphs about your favorite thing. Use your notes in 3a to help you." 提出写作具体要求，呈现写作框架。从框架看，写作分三段，每段已安排一定的结构和语言框架：第一段介绍最喜欢的东西是什么；第二段阐述它的特别之处，或阐述把它当作最喜欢物品的原因；第三段描述与它有关的故事或记忆。通过分析可以看出，课本中两个语篇虽然描述了因有感情而不愿出售的旧物和带有美好回忆的家乡景物，但对标课本写作要求，仍需增加输入语篇材料，让学生更好地从内容、结构、语言三方面进行语篇研读、语篇分析，完成语篇材料转换的系列促成活动，从而成功产出。

两个课例分别采用不同的方式增加语篇阅读材料。课例 1① 的教师根据课本写作要求自己撰写了一篇范文 A lamp that lit up my childhood，作为学生阅读输入材料，语篇介绍了教师的童年旧台灯及其背后的意义与故事，讲述了家人之间的爱。教师根据写作产出目标，将输入语篇转换成系列针对性强的活动，以供学生选择学习。POA 建议采用学生或教师模仿学生完成的优秀作品作为提取话语结构的输入材料，鼓励学生运用富有个性特征的自我表达结构。② 本节课例中教师将自己撰写的作品作为提取话语结构的输入材料，符合 POA 建议。

---

① 课例 1 由郑州市第六十四中学张李娜老师设计。
② 文秋芳. 构建"产出导向法"理论体系[J]. 外语教学与研究，2015，47（4）：547-558，640.

课例 2①的教师根据写作要求，从辅导资料中找出两篇范文作为阅读输入材料，将材料转换成系列促成活动，供学生选择学习，为学生提供内容、结构、语言三方面支架。语篇 1 My favorite bike 介绍了自己最喜爱的童年物品——自行车，阐述了自行车的特殊意义，并描述了自行车带给作者的美好回忆；语篇 2 My favorite calendar 介绍了自己最喜爱的童年物品——日历，阐述了日历的特殊意义，并描述了日历带给作者的克服困难的勇气和朋友之间珍贵的友谊。课例中，以语篇 1 为主要输入材料，重点阅读分析、处理信息，转换成有助于为学生提供支架的系列促成活动。在详细学习语篇 1 的基础上，依照语篇 1 的处理方法，简洁、快速地引导学生学习语篇 2，以此提供多样化输入材料，使产出作品表达多样化。本课例为学生顺利完成产出任务寻找恰当的输入材料，符合 POA 要求。

两位教师所提供的语篇教学材料均围绕单元主题，直接对接产出目标、应对产出困难，在难度上符合克拉申（Krashen）"i＋1"可理解性输入原则②，既能吸引学生兴趣，也能激发学生阅读与写作热情，还能提高学生英语语言运用能力。通过活动，学生将学习材料内化，并学以致用，完成写作输出。

(二)确定教学目标

根据单元主题、单元内容及写作要求"Write three paragraphs about your favorite thing"，两位教师确定教学目标，科学、合理地转换阅读输入材料。

1. 设定学生学习目标

教师设定学生学习目标，目标内容基本一致，不同的是课例 1 用中文描述，课例 2 用英语描述。

---

① 课例 2 由郑州市第十六中学刘锦老师设计。
② KRASHEN S D. The input hypothesis：issues and implications[M]. London and New York：Longman，1985.

（1）课例 1 设定学生学习目标如下：

① 通过语篇阅读，获取关于童年旧物的信息。（学习理解）

② 通过分析语篇，总结文章结构，内化语言表达。（应用实践）

③ 运用所学结构，挑选合适内容和语言，写一篇文章描述自己的童年旧物，谈论旧物背后的意义与故事。（迁移创新）

④ 根据评价标准，从内容、结构、语言等维度对同伴的文章进行评价。

（2）课例 2 设定学生学习目标如下：

①Students can realize their common problems from their previous writing and use the mind map to present the specific information about George's favorite thing.（学习理解）

②Through reading and discussing，students are able to analyze the structure and language features of the passage.（应用实践）

③Students are able to write about their favorite things. Students can assess their writing and what they have learned based on the assessment charts.（迁移创新）

两位教师不约而同地根据课标理念，按三个层级"学习理解、应用实践、迁移创新"设定教学目标，总体教学目标基本一致，表述有所不同。其中，课例 1 在学习目标上更加完整，加入了评价目标。从后面具体课例分析可知，两位教师均在评价方面设计和实施了系列活动，并且效果明显。

2. 交际目标和语言目标

POA 教学目标既包括交际目标（学生能完成相应交际活动），又包括语言目标（学生能掌握完成交际任务所需的形—义配对的使用）。① 课例 1 交际目标和语言目标见表 9-1，课例 2 交际目标和语言目标见表 9-2。

---

① 文秋芳."产出导向法"教学材料使用与评价理论框架[J]. 中国外语教育，2017，10(2)：17-23，95-96.

表 9-1　课例 1 交际目标和语言目标

交际目标	语言目标	
	语言功能	语言项目
撰写童年旧物展上自己仍喜欢的旧物的介绍词	Para 1 Introduce your favorite old thing	When I look back to the childhood，the first thing that comes into my mind is… When I first saw…，I fell in love with…
	Para 2 Talk about why it's special	One of the main reasons is… I have had it since… my * th birthday / I was… give sth. to sb. /be given by
	Para 3 Write about relevant stories or memories	It is special to me because… give sb. many sweet memories remind sb. of…，encourage sb. to do…

表 9-2　课例 2 交际目标和语言目标

交际目标	语言目标	
	语言功能	语言项目
撰写文章描述自己一直保存的儿童时期最喜欢的物品	Para 1 Introduce your favorite old thing	I have had it since… my * th birthday / I was… give sth. to sb. /be given by
	Para 2 Talk about why it's special	It is special to me because… I remember when…，I really enjoy feeling… give sb. best memories
	Para 3 Write about relevant stories or memories	It looked so… that… It's the best gift that sb. have received…

（三）确定产出目标

两位教师综合上文写作材料和学习目标分析设计产出目标，共同之处是遵循题目要求（见表 9-3），用三段框架结构描述自己最喜欢的物品。

表 9-3　写作框架结构图（依据课本题目要求）

Para 1 Introduce your favorite old thing	My favorite thing from childhood is _____. I've had it for/since _____. _____ gave it to me.
Para 2 Talk about why it's special	I like _____ because _____. It's special to me because ____ _____. I think _____.
Para 3 Write about a story or memories	_____ has given me many memories. I remember when _____ _____.

1. 设计产出目标

促成与评价围绕产出总目标和子目标进行，促成活动围绕总目标和子目标循环链进行，特别在子目标促成方面，呈现 N 个微循环链。

(1)课例 1 设计的产出目标

请你以"My favorite old thing from childhood"为题向同学介绍自己的童年旧物，撰写书面介绍词。写作要点：

①介绍你的旧物（拥有旧物的时间、旧物来源等）；

②谈论它的特殊意义及原因；

③讲述它背后的故事。

课例 1 产出总目标和子目标见表 9-4。

表 9-4　课例 1 产出目标

总目标	子目标
撰写童年旧物展上自己仍喜欢的旧物的介绍词	介绍你的旧物（拥有旧物的时间、旧物来源等）
	谈论它的特殊意义及原因
	讲述它背后的故事

(2)课例 2 设计的产出目标

以童年时期最喜欢的东西"My favorite _____ from childhood."为题撰写

征文稿，描述自己一直保存的，带着特别回忆的儿童时期旧物。写作要点：

①Introduce your favorite old thing.

②Talk about why it's special.

③Write about a story or memories.

课例 2 产出总目标和子目标见表 9-5。

表 9-5　课例 2 产出目标

总目标	子目标
撰写文章描述自己一直保存的儿童时期最喜欢的物品	Introduce your favorite old thing
	Talk about why it's special
	Write about a story or memories

2. 产出目标分析

　　两位教师设计的产出目标基本相似却又有所不同。相同之处是两个设计均围绕课本要求分三个要点、三个段落进行写作，内容均为描写儿童旧物。不同的是，课例 1 设计撰写书面介绍词，课例 2 设计撰写征文稿。在后面的具体设计中，课例 1 在促成环节第三个步骤写作产出时，给出两个不同层次、可选择的写作框架，学生可以根据自己的英语语言表达能力选择；课例 2 则让学生统一完成框架内的三段写作，如能为学有余力的学生设计一个开放性写作任务效果会更好。

(四)设计思路分析

　　两位教师基本的设计思路遵循 POA 读写教学流程，在"驱动—促成—评价"循环链中，进行阅读输入，获取信息，处理信息，完成内容、结构和语言促成系列活动，将刚学到的知识运用到写作产出中。换言之，两个课例都遵循"驱动—阅读输入—支架搭建促成内容、结构和语言—写作输出—评价促成"的 POA 教学设计思路。

(五)教学实施分析

　　综上所述，两位教师教学材料均为课本教学材料与课外教学材料相结合，其中课外输入语篇内容和来源方式不同；学习目标表述不同但基本内容一致；产出目标基本一致，所设计的场景略有不同（从下方具体描述可知）；教学设计思路基本一致，遵循"驱动—促成—评价"教学流程，促成环节中内容、结构、语言促成活动系列化。在具体教学过程中，两位教师的设计各具亮点，殊途同归。

1. 课例 1 教学过程及分析

（1）环节 1：输出驱动

①呈现产出场景

值此儿童节，为了唤醒大家的童年记忆，我校举办了一次"童年旧物展"，请你以"My favorite old thing from childhood"为题目介绍自己的童年旧物。

②学生尝试产出

学生根据产出场景及写作要点尝试撰写旧物展解说词。学生通过尝试写作，发现自己的不足，产生学习上的饥饿感和想认真学习撰写解说词的渴望。

③师生共同诊断问题及教师说明产出目标

教师将课前个别学生为参加童年旧物展所尝试撰写的、不符要求的介绍词展示出来，要求学生根据标准一起找出问题、诊断问题。从内容、结构、语言、书写四个方面进行诊断，以便第二环节有针对性地促成。教师结合所诊断的问题向学生说明产出目标，交际目标和语言目标见表 9-1。

［驱动环节总体设计说明］

POA 驱动环节的目的是让学生通过尝试完成产出任务而意识到自身的不足，从而激发学生学习新知识的积极性和产出的意愿。① 呈现产出场景是驱动环节的第一步。产出场景四要素包括话题、目的、身份和场合②，课例中产出场景四要素分析如下。话题：介绍童年旧物（撰写介绍词）；目的：说明旧物信息；身份：产出人身份是学生，受众身份是学生；场合：学校旧物展。从课例 1 可见，教师在驱动环节采用直接驱动和复杂驱动的方式：教师将呈现场景、学生尝试撰写旧

---

①② 文秋芳，孙曙光."产出导向法"驱动场景设计要素例析[J].外语教育研究前沿，2020，3(2)：4-11，90.

物介绍词安排在课前，并对学生在尝试产出过程中出现的问题进行基本诊断；上课伊始，教师继续引导学生共同发现问题和诊断问题。

（2）环节 2：输入促成

①教师针对性地引导学生思考，告知学生本环节要解决产出时写作文本出现的问题，明确告诉学生此环节的目标和任务。

② 阅读语篇"A lamp that lit up my childhood"，针对性地输入促成。

a. Imagine students go to the exhibition. They read the article and complete the information card（见表 9-6）。

［设计说明：在结构和内容两方面搭建支架，初步进行结构和内容促成。］

表 9-6　Information card

Introduction of the old thing	What?	
	How long?	
	Who?	
Special meaning	Reason 1	
	Reason 2	
	Reason 3	
A story or memories		

The teacher and students interact to analyze the structure of the article（见表 9-7）。

［设计说明：继续在结构方面细化支架，进一步强化结构促成。］

表 9-7　Analyze the structure of the article

Part 1	Introduction of the old thing	What is her old thing from childhood?
		How long has she had it?
		Who gave it to her?
Part 2	Special meaning	Why is it special to her?
Part 3	A story or memories	What story or memories has she had about it?

b. Students find out the expressions to answer the following questions. And then use the expressions to describe their own old things.

(a) What is your favorite old thing from childhocd?

<u>When I look back to the childhood</u>，<u>the first thing that comes into my mind</u> is a lamp.

(b) Why is your old thing special?

<u>When I first saw</u> the lamp，I <u>fell in love with</u> it. <u>One of the main reasons is that</u> it has an elegant style.

<u>The lamp is special to</u> me <u>because</u> it always <u>reminds me of</u> my grandma.

<u>I think</u> it's a symbol of grandma's love.

(c) Use the underlined patterns to describe your old thing.

教师引导学生使用刚学习的知识，特别是画线部分短语和句型对旧物进行描述。学生将描述话语上传平台，教师及时打开平台，引导学生对其他学生的描述进行学习，同时充分利用平台上学生的描述进行主题意义探讨。

[设计说明：学生阅读该语篇后，根据语篇内容回答问题，通过回答问题找到有关旧物的内容和语言表达，进行初步内容和语言促成。学生运用答语，描述自己的旧物，进一步促成内容和语言。难度上从理解和记忆层面到应用和迁移层面，符合认知层面的循序渐进。在平台展示学生的各种描述语言有利于学生多样化产出。]

c. Students talk about the meaning of old things from childhood in pairs and then share with the whole class.

Question: What does the old thing from childhood mean to you?

[设计说明：通过两两对话及班级分享，进一步促成内容、结构和语言。更为重要的是，在此环节引导学生情感升华，进一步思考旧物背后的意义及对学生产生的深远影响。]

d. Write based on the questions.

教师实施分层教学，组织分层写作，建议不同写作能力的学生根据自己的实际情况自主选择。

潜力生：借助课本中的三段式写作脚手架进行写作。依据表 9-3"写作框架结构图"完成篇章填空式写作"My favorite old thing from childhood"。

学优生：在本课写作结构指导下，围绕产出目标和写作要求，尽可能用新学到的句型和表达去写作，用三段话完成写作任务（参考表 9-8）。

［设计说明：学生将课堂所学马上应用到写作产出中，将产出性应用与输入性学习结合在一起，实现学用无缝对接。］

表 9-8　My favorite old thing from childhood

Parts	Questions
Part 1	1. What is your favorite old thing from childhood?
	2. How long have you had it?
	3. Who gave it to you?
Part 2	4. Why is it special to you?
Part 3	5. What story or memories have you had about the old thing?

［促成环节总体设计说明］

教师引导学生阅读语篇，完善展品信息卡，获取关于童年旧物的信息。在获取信息、处理信息的基础上，引导学生梳理写作框架和语篇内容，进行初步结构和内容促成。通过教师的提问，学生从篇章中找出合适的内容和语言表达回答问题，进行内容和语言表达的初步促成；教师引导学生用刚刚初步促成的内容和语言描述自己所喜爱的旧物，进一步强化内容和语言促成。整个促成过程为学生写作搭建内容、语言、结构支架，直接指向产出目标、应对产出困难，体现促成精准性。在此过程中，内容、语言、结构不是单一促成，而是融合促成，促成过程不是一蹴而就，而是根据认知规律逐步加大难度、逐步减少支架，体现促成渐进性。根据布卢姆的认知难度层级①，此处已基本体现"理解—记忆—应用—迁移创新"等级。在促成活动类型、组织形式、产出框架等设计上体现了多样性，而在学生写作产出方面先确保学生能准确、得体产出，内容和语言多样性有待今后进一步优化。本课例将 POA 促成活动有效性指标予以落实，促成活动设计与实

---

① 文秋芳.“产出导向法”与对外汉语教学［J］. 世界汉语教学，2018，32(3)：387-400.

施体现了促成活动的有效性。①

（3）环节 3：评价指导

① 教师评价，示范引领

The teacher makes a comment on a student's article from four aspects：structure，content，language and handwriting.

［设计说明：教师提前设计书面表达评分表（见表 9-9），包括结构、内容、语言、书写四个维度，找出习作评价的关键点进行针对性评价，给学生作示范，引导学生学会评价。］

表 9-9　书面表达评分表

Evaluation aspects	Explanation	Level
Structure 结构	1. Did he/she introduce the old thing in three parts? 是否分三段介绍？	
Content 内容	2. Did he/she explain the special meaning of the old thing clearly? 是否介绍童年旧物的特殊意义？ 3. Did he/she tell a good story about the old thing? 是否讲述童年旧物背后的故事？	
Language 语言	4. Did he/she use correct tense in different situations? 时态是否正确？ 5. Did he/she make other mistakes in spelling，grammar or collocation? 拼写、语法和词语搭配是否有误？	
Handwriting 书写	6. Did he/she have a good handwriting? 书写是否工整？	
Total score （得分）		

②同伴互评，取长补短

Students work in groups of three and choose the best one to share. And make a comment according to the evaluation standards above.

---

① 邱琳. POA 教学材料使用研究：选择与转换输入材料过程及评价［J］. 中国外语教育，2017，10(2)：32-39，96.

［设计说明：根据评价标准，评价同伴写作文本，学习和实践评价。］

③学生自评，反思提高

教师设计"自我学习评价表"（见表 9-10），引导学生反馈本节课学习情况。评价表有"完全达到""基本达到""还需努力"三个等级；内容上共四个维度，此外开放式地列出"课后要做的事"。

［设计说明：学生根据教师设计的评价表进行自我评价，回顾一节课的表现，对自己在四个维度内容上进行等级评价，"课后要做的事"属于开放式设计，启发学生思考。］

表 9-10　自我学习评价表

	评价内容	完全达到	基本达到	还需努力
1	我能获取关于童年旧物的信息、特殊意义及背后的故事。			
2	我能分析文章的篇章结构，并说出每一段的主要内容。			
3	我能以口头和书面的形式介绍自己的童年旧物及其特殊意义与背后故事。			
4	我能从结构、内容、语言、书写四个维度评价同伴的介绍词。			
课后要做的事				

［评价环节总体设计说明］

POA 提倡以评促学和以评为学，学评结合。教师设计了形式多样的评价，有班级评价、小组评价、个人自评；从评价主体看，有教师评价、同伴互评、学生自评，评价设计全面、科学。教师引导学生在评中学，学中评，评学结合。学生在开放式评价时，可以结合本课学习内容、学习状况、学习结果等规划接下来要做的事情。此设计能引发学生更多思考，有更加广阔的发挥空间，有助于学生思维培育。

2. 课例 2 教学过程及分析

(1)环节 1：输出驱动

①呈现产出场景

产出场景："School Newspaper"(校报)拟组织征文活动，话题紧扣即将来临的儿童节，引导学生回忆快乐童年，以童年时期最喜欢的东西"My favorite _____ from childhood."为题描述自己一直保存的儿童时期最喜欢的物品。

②学生尝试产出

学生根据产出场景及写作要点尝试撰写"School Newspaper"征文稿。学生通过尝试写作，发现自己的不足，产生学习上的饥饿感和认真撰写童年时期最喜欢东西的渴望。

③ 师生共同诊断问题及教师说明产出目标

教师选择学生课前尝试写作时一些有代表性的习作放在屏幕上，让学生从内容、结构、语言三方面找出问题，继而一起分析问题、诊断问题。教师向学生说明产出目标，交际目标和语言目标见表 9-2。

[驱动环节总体设计说明]

驱动环节一般有三个步骤，呈现产出场景是驱动环节的第一步。课例 2 产出场景四要素分析如下。话题：描述童年旧物(撰写征文稿)；目的：说明旧物信息；身份：产出人身份是学生，受众身份是学生及评委；场合：校报征文活动。教师在驱动环节采用直接驱动和复杂驱动的方式：教师将呈现场景、学生尝试撰写报社征文稿安排在课前，并对学生产出问题进行基本诊断；上课伊始，教师引导学生共同分析和诊断学生产出问题。

(2)环节 2：输入促成

①教师引导学生分析学生尝试产出时出现的困难，明确告诉学生此环节的目标和任务

②阅读语篇，针对诊断出的问题进行选择学习

a. Read the passage "My Favorite Bike" and make your mind map according to the questions below.

学生根据课本三段框架结构要求制作思维导图（如图 9-3 所示），不断拓展思维和表达。在此过程中，学生集思广益，逐渐完善思维导图，丰富内容、语言，使逻辑结构更加清晰。

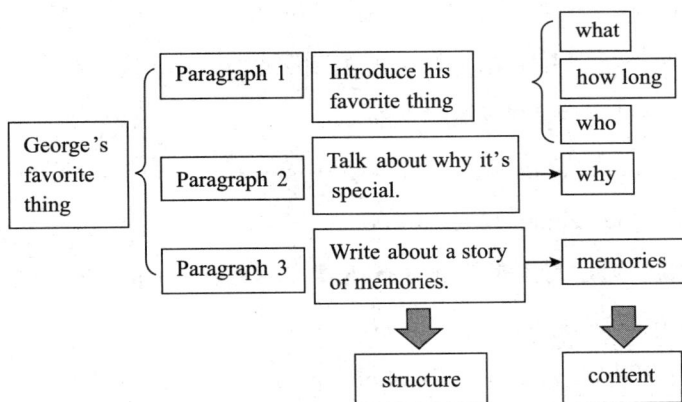

图 9-3　"My Favorite Bike"思维导图框架

（a）From which aspects（方面）does George write about his favorite thing in this passage?

What's your favorite thing?

Who gave it to you?

Why do you like it?

How does it look like?

The memories about it?

[设计说明：通过完成思维导图进行结构和内容促成。]

（b）What phrases are used to describe each aspect?

[设计说明：要求学生列出可用来描述旧物品的短语，进行短语层面的语言促成。]

（c）What sentences are used to describe each aspect?

学生根据输入语篇，在学案中罗列出相应的句子，与上文语言目标所列的语言项目基本一致。

[设计说明：要求学生列出可用来描述旧物品的句子，进行句子层面的语言促成。]

（d）Have students discuss in groups，improve their mind maps and talk about how the writer describes each aspect in the passage.

[设计说明：通过引导学生小组讨论，优化思维导图，讨论作者如何描述文章的各个部分，进行篇章结构和语言促成。]

b. Read the second passage "My Favorite Calendar" and think about the question：Why does Helen like the calendar?

[设计说明：通过阅读理解和分析语篇 2，更好地帮助学生在描述旧物上实现内容和语言促成。]

c. 情感升华：Why do we talk about our favorite things from our childhood?

Our favorite things from childhood can give us warmth and happiness like the sun.

The warmth and happiness will always stay in our hearts and give us strength.

[设计说明：基于真情实感设计的问答，让学生从内心感受"warmth and happiness""strength"，也让学生更乐于表达，乐于产出。]

③完成写作任务

Fill in the blanks to complete the composition.

[促成环节总体设计说明]

教师引导学生阅读理解语篇 1，获取信息后制作思维导图。学生根据题目所给描述旧物的三段基本框架自主设计思维导图，实现内容和结构的初步促成。教师围绕思维导图，通过启发提问的方式，引导学生先从语言表达的短语开始初步促成，继而用同样方式实现句子促成，接着组织小组讨论思维导图、完善思维导图，实现篇章结构和语言促成。语言促成方面，实现了"短语—句子—篇章"逐步加大语言促成单位、依次递增产出单位的促成过程，体现促成渐进性。完成语篇 1 转换成的系列促成活动后，引导学生在此基础上快速阅读语篇 2，在基本的阅读理解和分析后，学生进一步在描述旧物的内容和语言上促成。两篇增加的输入语篇中，以语篇 1 为主重点阅读、处理信息、选择学习、活动促成，用语篇 2 进一步地深化和强化促成。两篇文章阅读后的促成活动均采用内容、结构、语言不同组合的融合促成，直接指向产出目标、应对产出困难，实现了促成精准性。教师充分利用和转换输入材料设计多层次活动，引导学生学以致用，实现多个循环的"输入—内化—产出"。在促成活动类型、组织形式等方面体现了多样性，在产出结果方面已体现学生有东西可写并且会写，多样性方面可以继续优化。本课例将 POA 促成活动有效性指标予以落实，促成系列活动达到了促成有效性标准。[①]

（3）环节 3：评价指导

① 学生根据写作评价表进行自我评价

教师针对学生尝试写作时出现的问题设计写作评价表"Assess my writing"（见表 9-11）。评价清单包括：描述旧物的三段内容是否齐全；是否通过所学语言（短语和句型）描述旧物并表达了对旧物的真情实感；是否使用了正确的、恰当的时态。学生根据清单内容对习作内容、结构、语言进行评价。学生以"Good"（三颗星）、"Not bad"（两颗星）、"Not so good"（一颗星）给自己一个总体评价。

［设计说明：教师以清单形式设计写作评价表，让学生通过核对清单对自己的写作进行评价。］

表 9-11　Assess my writing

Assessing content	自评得分	互评得分
1. Does he/she introduce his/her favorite thing, talk about why it's special and write about a story or memories?		
2. Does he/she use the language (phrases and sentences) we have learned in this class and express his/her true feeling?		
3. Does he/she write the composition using proper tense?		

Good ★ ★ ★　　　Not bad ★ ★　　　Not so good ★

① 邱琳. POA 教学材料使用研究：选择与转换输入材料过程及评价[J]. 中国外语教育，2017，10(2)：32-39，96.

②小组分享与评价，继而在全班展示与评价

学生在小组内分享彼此的习作，在组内根据评价清单进行初步评价，边评边学，挑选出最好的一篇代表小组在全班展示及评价。

［设计说明：此环节将小组评价和全班评价融合在一起，在小组内的评价和评选，为后面在全班的展示和评价奠定基础——相当于在小组内进行了预演，有一定的评价基础和积累，再代表小组在全班展示和评价。基于此，小组学生代表能够结合之前的评价内容和语言结果，更加大胆、从容地在班级师生面前进行展示和评价，从而真实呈现本组的亮点和问题。］

③学生根据学习评价表进行自评

教师为学生设计学习评价表"Assess my learning"（见表 9-12），让学生根据"Assessing Checklist for Myself in This Class"对自己本节课的学习进行评价。评价等级分为"Good""Fair""Poor"。

［设计说明：再次采用等级评价的方法让学生对自己在课堂上的表现进行评价，学生以此总结自己一节课的学习状态、学习效果．根据结果为自己今后的学习作出方向性的引导。"After class, I will…"是开放式评价或规划，以便引导学生进一步思考哪些地方需要改进，如何改进。］

表 9-12　Assess my learning

Assessing Checklist for Myself in This Class				
	Assessing content	Good	Fair	Poor
1	I can get information about one's favorite thing, the special meaning and the story or memories behind it.			
2	I can analyze the structure of the passage and I can tell the content(内容) in each paragraph.			
3	I can write about a story or memories.			
4	I can assess the compositions from the structure, the content and language of the passage.			
After class, I will_____.				

［评价环节总体设计说明］

教师设计了两个评价表格，两个表格均重点关注学生的自评。学生能客观、科学地对自己的写作、学习状态、学习效果进行评价，更加细致地进行自我分析，这对学生来说是非常好的引导。在写作评价上，学生从自评到小组评，再到代表小组在全班评，对学生而言也是一种很好的体验。学生可以自己或结合小组内意见判断本次习作评价最为关键的、最具代表性的点在哪里，并且各组评价有所不同，使评价内容更多样化、个性化。此种评价方式、评价顺序安排更适合基础较好的学生，以及教师对学生写作和评价能力有充分信心的班级。

3. 两个课例总体分析

两个课例均根据基于 POA 的中学英语读写结合教学设计实施，遵循"驱动—促成—评价"循环链教学流程。两个课例在 POA 教学理论指导下进行，设计科学、合理，展现了 POA 读写结合教学有效性，读写高度衔接，有机整合。

(1)输出驱动环节

两位教师在驱动环节设计和实施得较好，遵循 POA 驱动环节的三个步骤，让学生认识到自己的不足，从而调动他们的学习积极性。驱动环节有两种分类，根据学生参与方式的不同，可分为直接驱动和间接驱动。直接驱动，即在教师介绍交际场景和产出活动要求后，直接让学生尝试完成新产出任务；间接驱动，即使用微视频或其他方式，展现水平相似学生尝试完成同类任务时可能遇到的困难。根据驱动流程的完整性，可分为复杂驱动和简单驱动。① 两种分类虽然依据不同，但均指导或影响驱动环节的设计与实施。根据上文两个课例驱动环节所示，两位教师均采用直接驱动的方式，学生直接尝试产出发现问题；在实施过程中，教师基本遵循"介绍交际场景—尝试完成产出任务—分析产出困难"系列过程，这是复杂驱动。如采用简单驱动方式，驱动流程只需完成其中部分步骤。

经过诊断，两节课例中班级学生存在的主要问题相似：语言上语法错误较

---

① 文秋芳."产出导向法"与对外汉语教学[J]. 世界汉语教学，2018，32(3)：387-400.

多，包括单词拼写、时态、用词不准确，并且多用简单句；内容较空洞，描述不具体；结构较为松散，想到什么写什么。教师结合诊断问题设计促成活动和成果评价活动。

（2）输入促成环节

促成环节是 POA 的关键环节，是提高促成质量的重要部分。产出结果是否能够实现预期，在短时间内实现高质量促成，重点看促成环节的设计和实施效果。

英语读写结合的课堂教学，需要在研读阅读文本、找出阅读文本与写作文本之间的关联的基础上进行，依据阅读文本的特点，设计基于内容或形式进行创新迁移的写作任务。① 基于 POA 的中学英语读写结合教学促成环节，阅读输入材料作为学习材料直接应对产出目标，两者之间高度相关，阅读输入材料在内容、结构、语言上为产出文本提供支架。阅读输入材料即为教学材料，教师将确定的教学材料转换成系列针对性强、循序渐进的活动，让学生在活动中逐渐实现内容、结构、语言促成。

促成有效性标准即精准性、渐进性、多样性②，用以衡量促成活动。两个课例选择的阅读输入材料、教师转换成的系列活动，从内容、结构、语言上直接应对产出目标、产出困难，体现促成精准性。课例 1 根据认知规律设计"理解—记忆—应用—迁移创新"等逐步加大难度的活动，让学生在此过程中逐步促成，体现促成渐进性。课例 2 设计了"短语—句子—篇章"逐步加大语言单位的促成过程，同样体现语言促成渐进性。促成多样性可以体现在活动类型、活动组织方式、输入材料模态和数量，以及产出文本质量上。在两个课例的输入材料数量上，课例 1 增加课外阅读材料一篇、课例 2 增加课外阅读材料两篇作为选择学习的输入材料（见附录 3）。增加两篇输入材料效果会更佳，更能丰富输入和输出的多样性。但课例 1 教师利用平台，对学生上传的儿童旧物介绍进行展示与指导，

---

① 钱小芳，王蔷. 连接视角下的高中英语读写结合的途径与方法[J]. 中小学外语教学（中学篇），2020，43（12）：12-17.

② 文秋芳. "产出导向法"教学材料使用与评价理论框架[J]. 中国外语教育，2017，10（2）：17-23，95-96.

引导学生学习与讨论，使学生增加新的语言输入，在一定程度上弥补了输入材料可能不够丰富的问题。在产出活动设计上，课例1设计分层写作，分别提供潜力生和学优生写作框架，建议学生根据自己水平、写作能力自主选择，体现产出任务的多样性、选择性；课例2根据课本要求设计了产出任务，学生写作产出时形式稍显单薄，可以在原来任务的基础上加一项要求相对较高，自由度、难度更高的作业"Write another old thing based on what students have learned"。如此，新增加的产出任务与原来的任务形成梯度，部分学生只需完成原来的产出任务，英语写作能力较强、学有余力的学生完成原来的任务后，可继续拓展完成后一项任务，让学生有更大的发挥空间。在模态上，因本章的主题是POA读写结合教学，两个课例均采用文字输入材料是合适的。POA其他课型中可以大胆采用音频、视频、文字等多模态输入材料。两个课例在活动类型、活动组织方式上各具特点，基本体现了多样性。

POA提倡输入性学习和产出性运用紧密结合，两者之间有机联动，无明显时间间隔。[①]从课例中的活动设计和活动实施来看，学生输入与输出相结合，阅读与写作相结合，实现了POA读写有机联动、有机整合，充分体现"学用一体说"。两个课例的促成活动达到了促成有效性标准。

（3）评价指导环节

POA评价分为即时评价和延时评价，可对产出过程进行评价，也可对产出结果进行评价。根据中学英语教学的学情、教情、校情，本章主要分析教师对产出结果的即时评价。

两个课例在评价环节分别设计了学生学习自评表和写作评价表，各具特色和亮点，值得读者学习、借鉴。两个课例分别设计了三个对写作结果（写作文本）的即时评价活动，活动组织形式多样化。在评价主体上，教师、同伴、学生本人均参与了评价；评价方式上，两个课例均设计了大班教师评价或大班师生共评、同

---

① 文秋芳. 构建"产出导向法"理论体系[J]. 外语教学与研究，2015，47(4)：547-558，640.

伴互评或小组评价、个人自主评价等方式，只是评价方式与顺序不同。两个课例中，学生在评价中学习，评学结合，这与 POA"以评为学"的教学假设一致。

四、POA 运用于中学英语读写结合教学的启示

(一)关注"学用一体"理念

POA 运用于中学英语读写结合教学时，要秉承"学用一体"理念。根据中学生的年龄特点和认知特点，学与用的间隔时间值得关注，不能相隔太长，应使输入与输出结合，边学边用，边用边学，即学即用，学以致用。POA 读写结合教学应该在一节课内实现学用结合、学用一体。

(二)灵活选择教学材料

POA 运用于中学英语读写结合教学时，要灵活选择、确定输入教学材料。如上文所示，教学材料共有三种来源方式，教师应该根据实际教情、学情确定使用这三种方式中的哪一种。不管是课本、课外，还是课本与课外相结合的教学材料，要能帮助学生完成产出。同时，教师根据"选、调、改、增"原则选择和确定教学材料。

(三)关注"以评为学"假设

POA 运用于中学英语读写结合教学时，在评价环节要做到以评为学。POA 专门设计了评价环节，包括即时评价和延时评价。中学英语读写结合教学主要采用即时评价，要做到边评边学，边学边评，评学结合、评学一体。

【本章小结】

基于 POA 的中学英语读写结合基本设计流程为：确定教学材料—确定学习目标—确定产出目标—设计教学流程。在具体的实施过程中，前面三个步骤是第四个步骤的前提和基础。具体到"设计教学流程"时，建议遵循基于"驱动—促成—评价"循环链的教学流程。本章介绍了基于 POA 的读写结合教学设计与实施，为一线教师提供可借鉴的宝贵经验，让一线教师在实施过程中有章可循。

下　篇

指向读写素养的教学
改进效果

中篇的第三章和第六章已初步涉及教学改进的效果，如持续默读对提升学生学业成绩和学习态度的作用，学生在阅读圈中的学习收获等；下篇则从教师和教研员的角度来展示教学改进效果，并分析教学改进的影响因素。两位关键教师分享了自己的磨课心得，另外两位关键教师对自己在教学改进中的发展进行了反思和总结，并细致描绘了学生的变化；一位教研员也记录了伴随项目两年来的职业成长。教师的反思和总结说明了教学改进实现路径的可行性，即"定位问题—改进讲座—教师实践—改进指导"。真正满足教学需求的改进措施能吸引教师持续投入并促进教师的成长。教研员的总结说明了教学改进如何与区域教学教研相结合。最后，着眼于项目的整体运行，分析教学改进的影响因素。

第十章　从项目成员反思和总结看教学改进目标的达成

【本章提要】

　　本章从教师和教研员的反思与总结来看教学改进目标的达成情况。首先，两位关键教师回顾了示范课的磨课情况，展示了在磨课过程中教学理念是如何转变并在课堂上得以实现的；其次，另外两位关键教师从学生表现和自身观念与教法的变化出发，描述了学生和教师在教学改进中的成长；最后，全程参与项目的一位教研员分享了自己参与教学改进项目的收获。在教师和教研员自述的基础上，项目组依据教学改进目标，对教学改进的效果进行了检视。

一、教师反思与总结

　　关键教师参与课例研究是教学改进的重要方式，本节呈现四位关键教师的反思与总结，总结均由教师撰写，文字和格式仅进行了少量调整。

(一)磨课心得

案例1　遇见最美的自己——阅读教学提升课例展示活动之磨课心得

郑州市第八十中学李宁老师

　　能够参与郑州市英语质量提升项目，并在专家团队的理论引领和课堂教学实践的指导下进行课例展示，我感觉很荣幸。一路走来，从一知半解地在磕磕绊绊中摸索，到糊里糊涂地在迷雾中前进，再到豁然开朗后的向阳而行。现将这一路的磨课反思、心得和领悟做个梳理，以鞭策和督促自己在教育教学的道路上更好地成长。

　　1. 理论引领，课之雏形(4月29日)

　　我在3月份听完专家"阅读教学中培养学生的思维品质"的讲座后，结合理论学习的内容，选定了人教版《义务教育教科书 英语 八年级下册》Unit 10 的 Section B Hometown Feelings 的阅读材料为语篇。4 月 29 日，在我校进行第一次小范围的公开课的切磋展示。

基于当时的理论水平和领悟情况，我将这节课的学习目标制订如下。在本课结束时，学生能够：

(1)学习理解：阅读文章并梳理出从乡村到城市工作的人对家乡及家乡变化的关注。

(2)应用实践：谈论钟伟的生活及家乡变化。

(3)迁移创新：谈论自己家乡生活的变化，倡导学生在大学毕业后回乡建设家乡。

这节课的教学设计如下。由 hometown 的猜词游戏导入，通过此环节让学生明白家乡的定义，然后通过"Migration before Spring Festival"视频让学生了解国内一些农村存在的成年人外出打工现象，激发学生对文本的兴趣，提前感知文本主题语境。接着，引导学生通过题目猜测文本主旨大意，利用课本图片预测文本内容，逐渐过渡到语篇细节。在语篇细节学习中，引导学生：通过词义匹配处理生词障碍；速读文章，找出每段中心句并归纳段落大意；分段细读文章，先通过问题回答离乡人钟伟的基本情况，然后找出钟伟家乡变化和没有变化的部分，并找出原因，在介绍变化的过程中，关注钟伟的情感变化；根据图片复述文章；最后通过观看家乡新貌小视频，升华文章主题。

课后结合专家点评，我的反思如下。

设计课堂教学活动时，虽是以提升学生的思维品质为宗旨，但自身对英语学习活动观的理论学习不够透彻，对文本的理解也不够深入，导致语篇整合时难以取舍，课堂教学活动设计不聚焦，突出问题主要体现在如下几个方面：

第一，学习目标设定上不够准确，本节课的核心目标之一(钟伟感情线的变化)被忽略，虽然活动设计中有涉及，但关注不足。

第二，视频导入无任务驱动，视频语速过快，语言理解难度大，对学生的兴趣激发不足。应该给学生具体的任务，如：What do you want to say? What do you want to ask?

第三，学习活动形式单一，多是以问题的形式呈现，且问题多停留在文本的表层，尤其有关钟伟情况的介绍过多。

第四，对学生思维品质的培养非常牵强，并没有将思维品质的提升潜移默化地融入课堂教学活动之中。在让学生介绍自己的家乡变化及对家乡变化的感情时，还留有充足的时间，可到迁移创新环节时却没时间完成了，所以对文本的理解还需再深入，整体的活动设计还需再整合。

如果说阅读有三种境界——"Read the lines""Read between the lines""Read beyond the lines"，我此节阅读课还基本停留在"Read the lines"的阶段。

2. 且思且行，二次打磨(5 月 24 日)

在第一次的听评课后，专家团队又给我们做了"基于主题意义探究的初中英语阅读教学"的讲座。结合这次学习，我在学习活动设计中融入了基于主题意义探究的阅读教学理念，将主题意义探究和思维品质培养的理念同时融入这节课当中。

时隔一个月，进行了第二次磨课。基于第一次专家点评和对新理念的学习，我对教学活动设计进行了新的调整。首先是目标的变化，在本课结束时，学生能够：

(1)学习理解：阅读文章，梳理出人们离开乡村的原因及家乡发生的变化。

(2)应用实践：通过阅读活动，分析推断人们对家乡变化的感受，联系自己对文中人物的认识，讲述自己的发现和感受。

(3)迁移创新：结合文中人物钟伟的生活经历，描述自己发现的家乡变化和感受。

这节课的活动设计较上次进行了较大的整合和修改，具体设计如下：视频导入环节加入问题"Where are the workers from? Where do the people work?"然后结合视频语境提问"Why do millions of Chinese leave their hometowns?"随后进入语篇。

语篇学习按以下顺序进行：对题目的预测—寻找文章主旨大意—梳理文章段落结构—钟伟离乡的情感分析—钟伟家乡变化及情感分析—目前农村的变化—分

析家乡的"不变"—文章复述—观看家乡新貌的小视频—小组讨论并展示自己的家乡变化及乡情—主题升华。

专家团队到我校进行实地听课，就这节课进行了中肯的点评。结合专家建议和自己的实际上课情况，我对这节课进行反思，发现依然有许多问题存在：

第一，目标设定还不够准确，还需再修改。

第二，视频导入时间过长，和课堂教学无关部分可进行删减；问题设置限制学生的思维发展。"What do you want to say/ask?"更具有开放性，更有助于学生思维想象空间的发展，因为教师的"不放手"，导致我们看不到想要看到的学生思辨、讨论的场面。

第三，活动设计上过度关注钟伟家乡的变化，对钟伟在不同情况下的情感变化关注不足。

第四，应用实践环节的课本复述活动较为耗时，且对学生来说难度过大。由于此环节用时过多，导致迁移创新环节没有时间进行。并且，迁移创新环节的学生活动设计还需再优化。

3. 反复切磋，豁然开朗(5 月 25 日～6 月 2 日)

这段时间，我几乎每天都在线上就一些细节性的问题和专家团的教师进行沟通交流。每一次的课例呈现以及和专家团教师的思想交流，让我对语篇都会有新的理解和感悟，课堂教学活动设计思路都会有新变化。目标确定上也有新的变化，我在 5 月 28 日的课例中将目标制订为：

(1)学习理解：阅读文章，梳理出人们离开乡村的原因及家乡发生的变化。

(2)应用实践：通过阅读活动，分析推断人们对家乡变化的感受，联系自己对文中人物的认识，讲述自己的发现和感受。

(3)迁移创新：结合文中人物钟伟的生活经历，描述自己家乡的变化和感受。

在教学活动设计上，学习理解环节(删去了题目和主旨大意的推测)：删减后的视频导入—(加入)乡情联想到的事和物＋文本结构梳理；应用实践环节：文本结构梳理—钟伟离乡三年后的情感变化—钟伟家乡新貌(即家乡的变化)—钟伟家乡不变的事和物—以钟伟和记者身份就家乡话题进行的对话练习；迁移创新环节："家乡秀"的作文创作和展示—主题升华（政府支持，人们努力工作）。

由曾老师、李老师、韩老师和陈桂杰主任组成的专家团在 6 月 1 日晚上又进行了线上的磨课研课，就语篇情感变化的明、暗两条线的诠释理解，教学活动每个环节的设计进行线上研讨。结合专家反馈，我反思这节课，整体上还是比较凌乱，主题语境不够聚焦，教学思路不够清晰，串联语篇发展的线索还不明了。依然清晰地记得李老师给的教学建议：在学习理解环节要做到感知与注意（预测书中的三个问题）、获取与分析（通过阅读，验证变与不变的信息，钟伟的情感变化）；应用实践环节要做到分析与推断（钟伟情感变化后家乡的变化是什么）、内化与应用（钟伟家乡的变化及情感变化）；迁移创新环节要做到想象与创造（自己家乡的变化及情感）。

在最后近两周的时间里进行了一次次磨课，我根据反馈一次次修改。专家团教师几乎是手把手地指导，但我好像总领悟不了精华，在课程实施过程中，总感觉在围绕主题，又好像游离于主题之外。理论上明白了，实施起来又好像不明白，曾沮丧到质疑自己。

在此非常感谢专家团教师严谨的治学态度、一丝不苟的敬业精神，以及中肯的教学建议，正是他们的这种敬业精神一次次激励着我向前继续努力。每次将整理后的课件传给专家后，都能及时得到专家团队教师的反馈。在学习理解环节，我一直拘泥于语篇结构梳理这个活动，认为语篇要整进整出，此环节必须保留，而专家团队的建议是此环节和主题语境无关，是无意义的，没必要保留。也正是这个活动造成我思维上的瓶颈。后来，在和外国语学校的同行、专家团，尤其是李兴勇老师的研讨中，我才领悟到文本结构已经在整个语篇的活动设计中体现了，没有必要多此一举。

随着阅读质量提升活动的推进，我的阅读课活动设计进步了一些，到了"Read between the lines"的阶段。

4. 茅塞顿开，课例展示（6 月 3 日）

这节课基本定型是在 6 月 3 日早上的试讲后，在专家团及我校教师的听评课后。结合课后点评，最终确定学习目标为：

（1）通过阅读梳理，了解人们离开乡村的原因及家乡发生的变化。（学习理解）

（2）通过仔细阅读完成思维导图，分析推断钟伟对家乡变化的感受。（应用实践）

（3）结合本课所学，讲述自己家乡的变化和感受。（迁移创新）

学习活动设计思路此时更清晰了：基于文本（梳理信息）—深入问题（分析推断情感变化）—超越文本（表达自己对家乡的情感—对变化的情感和不变的情怀）。经过一次次的磨课，才让我对整个文本有了通透的解读，我终于可以和文本、和钟伟进行对话，终于理解如何用一根感情线串联整个语篇了。但学生的思维空间还没有完全打开，在语篇主题升华的高度上还感觉有些跳跃。为了让主题更突出，围绕主题探究的话题就要更开放，所以我最后设计两个开放性的问题："Why do we have so great changes? What can we do to make our hometown more beautiful? "终于在活动中实现主题升华。

我的感触主要有以下几个方面。首先，从基于语篇，梳理文本信息，到应用语篇，分析推断文本，深入理解文本主题，再到超越语篇，拓展表达思想，升华主题。话题打开了，学生的思路和视野也就打开了，学生的兴趣和投入度更高了。其次，将阅读中培养学生思维品质的策略和方式融入具体的学习活动中，在活动中优化学生的思维方式，拓展学生的思维空间，融思维品质培养于阅读课堂教学各环节中。最后，因为在阅读中做到了"Read beyond the lines"，学习活动中就自然地融入了主题意义探究，学生的核心素养自然得以提升。

5.收获总结

今天再来看这节经过专家、同行、同事等反复研磨的课，有欣喜若狂过，有踌躇不前过，有迷茫无奈过，也有绝望放弃过，但更多的是通过此次活动的所思、所悟、所得。

（1）理论指导实践，实践推动课堂深度变革

有了先进理论的指引才能准确高效地进行实践。感谢专家团队的倾囊传授，打破了我的思维局限，让我明白理论指导实践的重要性，更让我明白与时俱进、关注教育动态、学习教育理论的重要性和迫切性。近一年的阅读教学质量提升项目使我发自内心地想要多去获取、研究最新的教育教学理论，想要去钻研一下专

家讲座中所涉及的理论。第一次活动是从随堂课开始，专家诊断我们的课堂，发现课堂中的问题，对症下药，给予我们指导和帮助。也正是这次活动，让我深刻地领悟到阅读各种与阅读课相关的理论书籍的必要性，我尝试着将这些先进的理论与学情相结合，应用到课堂教学当中。这些对我来说，是真正的理念更新，从持续默读到阅读圈，到关注思维品质的阅读课，再到基于主题意义探究的阅读课。我开始了解初中英语阅读的影响因素和材料选择，在专家的引导下逐步关注分级阅读。一步步走来，我比任何时刻都感觉到"活到老学到老"的重要性。"师者，所以传道受业解惑也"，不学习，耽误的是学生的前途和青春。

(2)关注学生思维品质提升，培养有思想的学生

思维品质提升课教会我不再为了问题而提问，要透过教材表面研究作者的真实意图，提升学生的逻辑批判能力和创新能力。阅读中培养学生思维品质的策略和方式在于具体的学习活动，在活动中优化学生的思维方式，拓展学生的思维空间，融思维品质培养于阅读课堂教学各环节中。在基于文本阶段，要激活图式，巧妙地引入文本内容，启动学生的思维空间；在应用文本阶段，深入语篇，深化理解内涵，有目的地训练学生的思维；在超越文本阶段，通过活动设置，提升学生的思维表达能力，从而进一步拓展学生的思维空间。

如何在我们的课堂中通过关注主题意义建构发展学生核心素养，全方位培养学生？我们要做的就是探究语篇背后的价值取向和作者/主人公的态度或观念，开展推理与论证、批判与评价等活动，帮助学生加深对主题的理解，作出正确的价值判断和行为选择。作为教师的我们，可以引导学生运用所学内容，联系实际生活，通过自主学习、合作学习、探究学习创造性地解决问题，理性表达观点和情感，从而实现由能力向素养的转变。

(3)转变课堂教学理念，将课堂主阵地还给学生

参与项目以来，我感觉迫切需要改变的是：在课堂上，教师要少说多听，要将关注点放在如何根据教材巧妙设计活动，把课堂变成学生思想表达和碰撞的舞台。给学生一个支点，学生或许真可以撬动世界！而我们要做的是设计好课堂教学活动，给学生搭建好这个支点，其余的交给学生，相信他们会给我们意想不到的惊喜。

感谢专家团队的理论指引和对课堂教学实践的指导，我将以此次活动为契机，不断学习。我将做一名学习型教师，做好学生逐梦路上的指导者；做一名思考型教师，勇于探索，不断研究，当好学生生命途中的引路人；做一名智慧型教师，审时度势，不断反思，多元思考，做好学生创新思维的启发者。

案例2 乐学致远——读写教学提升课例展示活动之磨课心得

郑州市第十六中学刘锦老师

还记得今年四月份收到郑州市中学英语教学改进项目的邀请时，我不假思索地选择报名参加。当时报名参加该活动的原因是：在平时传统的写作教学中，发现学生对于写作总会有畏难情绪，写作积极性不高，写作成绩得不到突破，我感觉自己的写作教学遇到了瓶颈。我迫切想找到一种能够提高教学成效的英语写作教学方法，进而激发学生英语写作热情，提升学生英语写作成绩，改善英语写作教学的不良现状。

在接下来将近三个月的磨课环节中，专家团队的指导教师为我们介绍了一种全新的教学理念——POA，并鼓励我们将其应用于初中英语写作课。刚刚接触POA读写结合教学模式的时候，我完全不知道该如何实践这种新的教学模式，就好像只看到了一座房子的地基，但是对于该怎样增砖添瓦，我却是似懂非懂。根据我们在这方面的困惑，指导教师不断地通过讲座的方式为我们进行POA教学理念的传授和问题的解答，让我们小组合作探究生成POA读写教学设计并展示，各位指导教师进行点评，并且多次通过视频会议对工作组成员和关键教师进行访谈和课例点评指导。每次评课，指导教师都对我们进行耐心且专业的点评，并给出中肯的教学建议，不断鼓励我们，提供充分的理论指导，优化教学策略。记得有一次，指导教师为我们做完点评后已经是晚上十一点了，而他们还在学校办公室没有回家。正是各位指导教师严谨的治学态度和一丝不苟的敬业精神一直激励着我们。每次点评结束，我都会反复学习理解各位指导教师指出的问题和给出的建议，不断地修改和完善自己的教学设计，力求能够理解到点评的真正含义。那时候的我，每天脑子里都在不断思考如何按照指导教师的点评改进我的教学设计，我深刻体会到了废寝忘食和乐在其中的含义，仿佛又回到了刚踏上三尺讲台的时候。现在，我在课堂教学中的思路更加清晰，教学策略更加科学有效，并且也开始研究基于 POA 教学理念的最佳教学模式，试着将 POA 的教学理念贯穿于初中英语的其他课型。最重要的是，学生对英语学习的信心增强了，学习效率得到了很大提高，他们的学习热情也推动着我，我更加明白理论指导实践的重要性。我现在变成了一名乐于学习研究最新教育教学理论的学习型教师，希望在今后的教学中能够给予学生更科学、更专业的指导。

此次我所展示的课例是人教版《义务教育教科书 英语 八年级下册》Unit 10 的写作课，以下是我对本节课的反思与收获。

我们学校的学生英语水平参差不齐。学生进入八年级之后，课本中每单元的单词、句型和语法点相较七年级明显增多，语篇也更长、更难懂了，学习开始变得吃力，直接导致了学生对于书面表达的兴趣和信心不足。大多数学生的作文问题体现在：词汇匮乏，语法错误较多，存在英语表述上的困难；写作内容过少或者过于空泛，缺乏深度思考；文章缺乏条理，逻辑关系不清晰。另外，教师的教学任务比较重，常常把教学重点放在语言知识方面，忽略学生系统的写作训练，对写作教学设计缺乏深入的思考、合理的设计。部分教师在以读促写的写作课上，读写没有做到合理的连接，或者在为学生的写作进行输入时，支架搭建不够充分。这些都使许多学生的书面表达能力与《义教课标》要求相差甚远。除此之外，我校大部分英语教师都要教两个教学班，有时不能及时批阅点评学生的习作，不利于学生学习效率的提高。

在按照 POA 教学理念进行课堂教学实践之后，我发现 POA 的教学模式能够非常有效地解决上述问题，以本课为例①：

1. 在驱动环节中，我首先呈现一份学生根据现有的知识储备尝试完成的写作初稿，在班内进行结构、语言和内容的点评，从而让学生意识到自己首次写作任务中的不足，在接下来的学习中会更有针对性。

---

① 刘锦老师教学设计见第九章。

2. 在促成环节中，我引导学生对相应材料进行选择性学习。在本课中，我设置了能够让学生进行语言实践的活动，例如：让学生对文章要点进行梳理并找出相应的语言表达方式，绘制思维导图；让学生组内分享自己的成果，并在全班进行展示。这样既有助于学生思维品质的培养，也让学生在反复的听说中加强对语言的运用，为之后的写作搭建脚手架。学生通过阅读另外两篇与写作任务相关的文章，回忆自身相关经历，引发对文章主题的深度思考。

3. 在评价环节中，我先带领学生学习评价标准，然后让学生对写作内容进行自我评价和小组互评，取长补短，从而提高自己的写作水平。我还让学生对本节课所学内容进行自我评价，学生能够反思自己的学习效果，还会互相分享课下的一些后续学习计划，互相促进，共同成长。

相比之前的英语写作课，学生对写作的畏难情绪少了，对于写作更加有兴趣，更加有话可说、有内容可写，写出来的文章更有深度了。

通过此次基于 POA 教学理念的初中英语教学改进活动，我深刻地体会到教师在教学过程中要秉持以产出为导向的学用一体的教学理念，关注学生的语言产出能力，将学生对知识的学习和应用有机结合，使知识输入与语言产出形成合理连接。在驱动教学环节，我们要注意创设与学生的生活学习息息相关并相对真实的交际场景，真正让学生意识到英语语言的产出活动能够运用在生活中。在语言促成环节，对于输入内容的选择和相应习题的操练要循序渐进，应引导学生逐步提升语言能力。在学生尝试产出任务时，我们需要及时提供脚手架，指导并鼓励学生，帮助他们克服语言产出的惧怕心理。在评价环节，我们要带领学生学习评价标准，让学生清楚应该从哪些方面对作文作出合适的评价。对选择的典型样本进行评价时，我们可以根据学生的错误类型，每次确定不同的评价焦点，从而使评价更有针对性。

现在回想起来，这次教学改进活动竟然也是依照 POA 教学理念进行的。一开始，我们基于自己对 POA 教学理念的理解进行教学设计，各位指导教师进行点评，让我们发现自己的不足之处；然后，通过多次有针对性的讲座、访谈、评课和小组合作探究，指导教师为我们提供理论和实践指导；最终，经过反复的

"教—学—评"之后，指导教师帮助我形成了该展示课例。这次项目虽然任务重、压力大，但是在各位专家团指导教师不断的鼓励和精心的指导下，我发现了一个乐学的自己，我从一名喜欢上课的教师变成了一名爱好钻研课堂教学的教师。遇见各位指导教师的我，是如此幸运，是你们帮助我让学习重新变得有趣，从此让我和学生能够在快乐中学习！

(二)阶段总结

案例1　更新教学理念与方法　见证成长与变化

郑州市第十九中学肖茜老师

近一年来，我与项目组专家近距离学习交流，更新了很多教学理念与方法，并和我们英语教研团队扎实推进、优化阅读教学。我和我的学生，以及整个英语组都有了很多的成长和变化，我将从以下四个方面进行分享。

1. 我的成长

(1)更新教学理念

工欲善其事，必先利其器。教师的专业发展首先体现在教学理念的不断更新上。从开展持续默读培养学生的阅读习惯，让学生习惯阅读英语书籍，爱上阅读，到实施以学生为主体的阅读圈，充分调动学生的参与性与积极性，再到后来阅读教学中通过任务驱动和问题链培养学生的思维品质，以及基于主题意义探究的英语阅读教学。这一路走来，我像海绵吸水一样不断汲取新的教学理念，这些理念也在悄悄地影响着我的阅读教学。

(2)改进课堂教学

项目实施前，如果你问我"一节课40分钟，你讲多少分钟？"，我估计会不假思索地说："不算同学们讨论和回答问题的时间，剩下的时间应该都是我的吧，不，我会提前1分钟讲完，还得留作业呢。"教师总觉得自己精心准备的都是好的，自己讲的都是重要的，不舍得放手。这是我以前的习惯，学生起初听得认真，不出10分钟，部分学生就出现"跑神儿"现象了。

听了关于阅读圈的专题讲座后，我开始将阅读圈教学应用到阅读教学中。实践后发现，阅读圈教学不仅形式新颖，而且大大减轻了我在阅读课上知识传授的压力。学生也从听教师讲，到自己与文本对话、与同学对话。这种主动学、交互学的形式既尊重了学生的差异，也打造了小组学习共同体。原来，在课堂上放手，舍得给学生时间，他们真的会给我们不一样的惊喜。这样的教学尝试既培养了学生的阅读兴趣，也提升了他们的表达能力。在项目组访谈中，学生说："相比于听老师讲，我更喜欢同伴互助学习，更喜欢自主阅读、小组讨论，还有给我们机会让我们自己讲。"

我还记得第一次汇报课后，李老师点评"这是一节温润的课，课堂教学活动形式多样，但是略读知大意，扫读找细节，细读再理解，接下来如何？教师没有追问，教学活动缺少对学生思维品质的培养"。现在看之前的课堂教学活动设计，无论是匹配信息，还是判断对错，或是完成表格，都只是停留在基于文本学习理解方面。与之相比，在现在的精读课中，我努力培养学生分析、推理和判断的能力，课堂问题的设计更偏向于对文章的整体理解，而不是碎片化的解读，同时也为学生创设了更多交互式学习的机会。

（3）强化教学效果

有了教学理念的更新和课堂教学实践的改进，教学效果自然也随之改变。教学效果的提高不仅是班级英语学科成绩从八年级上学期期中的第 6 名到后来的第 4 名，再到八年级下学期期中的第 1 名，更多的是我感受到课堂上"学"在发生，学生积极参与课堂，主动学习，人人有收获，个个有突破，课堂学习更高效。

2. 学生的改变

（1）爱上阅读，阅读成为习惯

我们相信习惯的力量，相信宁静的力量，相信阅读的力量。自项目开展以来，第十九中学英语组以提升阅读素养为抓手，通过实施持续默读，极大地培养了学生的阅读情感。学生逐渐习惯了英文书籍，对阅读有了浓厚的兴趣。通过持续默读，他们将阅读材料读通、读顺、读懂。学生会被书中的一些故事吸引，有

175

时候时间到了，他们还舍不得把书收起来，也许这就是兴趣吧。

（2）乐于表达，生生交互学习

除了坚持持续默读，我们也开始了两周一次的读书分享。学生在与同伴的互动中自信、流畅地表达，有很多原来不爱发言的学生，也加入与同伴的互动中，交流心得、分享自己的所读所感。在英语课上，有很多之前上课不举手回答问题的学生，也开始敢于尝试，愿意张口表达，不论对错，他们勇敢迈出了第一步。作为教师，我真的对学生的改变感到很欣喜。

同时，在运用阅读圈教学的阅读课上，学生为了自己角色的汇报，深入文本，与文本对话，不断追问，向同伴借力，与同伴互助交流，基本上每位学生都找到了存在感。大家也在主动学、互助学中有了很大的收获。学生在自评中写道"相比于听老师讲，我更喜欢充分准备后给大家讲""通过和同学讨论，我们对这篇文章有了更深入的理解"……

3. 英语组的变化

第十九中学作为样本学校，英语组感到十分荣幸，专家到家门口讲座，近距离指导，这是多么难得的学习机会。听了李老师给我们带来的"持续默读在英语教学中的应用"专题讲座后，在教研组组长张宇老师和八年级备课组组长王艳慧老师的带领下，七、八两个年级立刻行动起来：根据持续默读的特点，在"十一"假期布置选书、买书的任务，"十一"假期后各班组建班级图书馆，确定持续默读的固定时间，明确持续默读规则。就这样，在项目组专家的引领下，持续默读活动在我校七、八两个年级全面铺开。

在英语组每周一次的教研中，我们搜集大量的理论文章，认真学习研讨，话题多与《义教课标》、思维品质的培养、主题意义的探究、英语语言学习活动观等相关，这是我们的第一环节。第二环节是为了将学习内容内化，在集体备课中，大家一起对典型课例设计进行研讨。第三环节则是对研讨学案的应用实践，也就是我们的听评课环节，由指定教师授课，根据学生的生成再进一步完善。在这样的教研流程中，每一个人的教学设计能力都有了很大的提升。

4. 学校的支持

在此项目实施过程中，学校领导也给了我们很多的陪伴和指导，为我们创设了更多与外校交流和自我展示的机会。同时，学校领导特别重视青年教师的成长，在每月一次的青年教师成长共同体会议上，也提供了很多展示机会。虽然每次讲台上展示的是我们两位关键教师，但背后的付出和支持却是来自整个第十九中学团队。

虽然项目接近尾声，但是我们的学习仍将继续。例如，我们对"怎样将同话题的不同语篇有效利用，并开展以读促写"问题还在摸索过程中。就像李校长曾经说的，我们将 keep reading，keep thinking，keep trying，keep improving。

案例2　读写教学任重道远　得遇良师行则将至

郑州市第六十四中学张李娜老师

这一年来，在各位专家教师"零距离"的指导和帮助下，我和第六十四中学英语教研组教师吸纳新的教学理念，更新教学方法，扎实推进读写结合教学，优化写作教学。这一年，我们不断收获着成长的喜悦。

1. 教师层面：学习与实践，收获教师专业成长

（1）更新教学理念，成为学生的助学者

专业成长，理念先行，教学理念对日常教学活动具有重要的指导意义。从英语阅读工作坊成员到本次项目的关键教师，变的是角色和参与方式，不变的是持之以恒的学习态度；从持续默读到阅读圈，从基于主题意义探究的阅读教学到基于 POA 教学理念的读写结合教学，变的是学习主题和内容，不变的是精进教学的教学追求。这一路走来，在各位专家高屋建瓴的理念引领下，我不断审视自己的课堂教学，去弊求新。例如，开展英语阅读活动，培养学生阅读兴趣与习惯，让阅读丰富学生的生活，滋养学生的心灵；阅读教学中更加注重主题意义的探究，基于学生主体设计问题与活动，培养学生的思维品质和文化意识。

本次我主要参加了基于 POA 的读写结合教学的学习培训与教学实践。项目实施前，虽然我每次写作课也精心备课，但总是觉得教师备好的内容才是最好

的，在授课过程中总是忽略学生的先备知识与经验，忽略学生在课堂活动中的体验感，导致课堂氛围不佳。学生只是被动接受者，缺乏主动建构知识、输出知识的过程。在评价环节，往往评价主体和评价方式单一，通常是教师的"一家之言"，忽略了学生在评价中的主体地位，也忽略了评价对学习的促进作用。通过聆听赖老师"基于产出导向法的中学英语读写教学实施细则"专题讲座，我认识到课堂教学是一个教师主导下的师生合作共建的过程。设计学习活动，应时刻关注学生的主体地位，激活学生的先备知识，搭建"脚手架"，边学边用，学用一体，让学生积极思考，主动建构知识体系，进行有效输出，给学生提供更多的输出机会，让学生在课堂上的学习真实发生。同时，在"驱动—促成—评价"不断循环的学习活动中，不应只注重语言知识的输入，还应注重提高学生的思辨能力、培养学生的自主学习能力以及学科综合素养等。

（2）优化课堂教学，锤炼教学技能

写作是一项输出性技能，综合反映学生的语言纽织能力、逻辑思维能力，是学生英语学习的重点和难点，而写作教学也是教师课堂教学的痛点和堵点。作为关键教师，在参与改进项目前，我的写作教学简单而粗暴：或是范文赏析式教学，学生只见别人不见自己；或是三段式语言素材的堆积，学生像提线木偶般被动学习。写作课成了教师的"一言堂"，教学内容枯燥乏味，"学用分离"现象突出，教学方式单一死板，学生学习激情和好奇心被磨灭，写作能力得不到提升，写作焦虑情绪得不到缓解。一节课下来，教师口干舌燥，不时还抱怨学生上课不积极主动；对学生而言，写作课成了最无聊的课，只是仿写范文，没有自我思考，没有情感表达，教师、学生、文本无法产生情感共鸣。究其原因，在于教学理念的偏差与滞后、学习活动设计的粗糙与凌乱。

在一次评课活动中，三位专家认为该节课思维严谨，环环相扣，但是过于关注细节，碎片化解读，忽略了课堂教学的整体性。一节好的写作课不能只见树叶，不见树木，要重视整体性教学，探究写作任务背后的主题意义。这个建议精准地指出了我在日常教学中的习惯性问题：一是活动设计以"我"为中心，忽略学生的主体地位；二是活动设计停留在碎片化解读层面，缺乏写作教学的整体性；

三是缺乏写作任务背后的主题意义探究。

　　在专家的指导帮助下，我突破自我局限，基于 POA 教学理论不断改进优化读写教学。在进行教学设计的时候，始终把学生放心中，从学生角度出发，从学习理解、应用实践、迁移创新三个层面，层层递进地设计活动与问题，帮助学生整体把握写作任务，帮助学生在写作输入和输出环节整进整出，帮助学生探究写作任务背后的主题意义。我创设情境，呈现交际情境，拉近写作与学生生活实际的距离，通过尝试性输出了解学生在每节写作课中的不足与需求，激发学生写作学习的"饥饿感"，进而提供与主题契合的学习材料，设计形式丰富的个人活动或小组活动，在活动中帮助学生有针对性地进行结构、内容、语言等方面的输入。因为学生已了解自己写作中的堵点，在促成环节学生的学习状态也更具个性化。充足的输入帮助学生自然而然地输出，在输出过程中，我关注学生的个人体验、生活经验和观点见解，从传统的"教师替代式输出"转变成"学生主动式输出"，让写作主题与学生发生联系，帮助学生深入探究和理解主题意义。POA 教学理论还强调学评同行，以评促学。这使学生不仅与教师对话、与文本对话，也与同学对话、与自我对话。以评促学的形式不仅激发了学生合作与竞争的意识，也培养了学生观察比较与迁移创新的思维品质。这样的写作课，让学生看到了文本、看到了别人、也看到了自我；这样的写作课，不仅让学生有物可写，还让学生知其写法。

　　2. 学生层面：乐学与善学，享受英语学习的乐趣

　　(1)爱上写作，享受表达的乐趣

　　"渴望被看见"是一种巨大的成长内驱力。现在的作文课上，学生渴望去表达自己的想法、渴望去评价他人、渴望被评价，他们渴望被教师、同伴发现自己的奇思妙想和优美表达。经常有学生课后感慨"老师，A 的作文真好，他的想法真独特""老师，B 的语言表达太精彩了，用了那么多短语和句型""老师，这次的作文课让我很感动，感觉不仅是写作文，也能抒发自己的感情和看法""老师，下次我也想让您点评我的作文"。学生不知不觉形成了"比学赶超"的学习氛围：学优生之间暗自较劲，互相学习，不断提升写作水平；潜力生也被带动，课堂上跃跃

欲试，大胆表达自己的想法。

（2）课前演讲，拓宽学习的边界

为了满足学生的表达欲望，除了每单元的主题写作课，我们还开展了课前演讲活动。学生自主选题，提前准备好演示文稿，在教师的帮助下进行内容、语言、结构等方面的优化，每节课课前3分钟分享自己对某一话题的见解和观点。有对冬奥会的介绍，有对成功的解读，有对"仁与利"的探讨，有对中华优秀传统文化的介绍，也有对电影的推介……内容包罗万象，形式丰富多彩。课前演讲丰富了学生英语学习的内容，扩展了英语课堂的边界，让学生成为课堂的主人，锻炼了学生的书面表达和口语表达能力，也锻炼了学生观察生活、思考生活的意识和能力，真正让学生用英语去实践。

3. 教研组层面：做自驱型成长共同体

有幸参与此次质量提升项目，得专家"手把手"指导，第六十四中学英语教研组倍加珍惜此次学习与提升的机会。聆听过"持续默读在英语教学中的应用"专题讲座后，在教研组组长冯营营老师的带领下，七、八两个年级立即开展英语阅读活动，每天利用午自习进行固定时间阅读。同时，举办各类活动丰富学生的阅读体验，如英语故事会、英语话剧表演等。

学而不思则罔，思而不学则殆。在每周一次的集体教研中，英语教研组加强理论学习，我们积极参与关于《义教课标》解读的讲座，同时也搜集大量的理论文章与相关课例结合学习，在学习中内化《义教课标》、英语学科素养、POA理论、英语语言学习活动观等相关理论知识。英语教研组还注重将所学理论知识迁移运用到日常教学中。在本学期的集体备课中，九年级英语教研组将重心放在读写教学上，基于POA理论，集思广益，进行课例研讨。从理论到实践，从实践再到理论，英语教研组在学习、实践的基础上，及时将日常教研、备课和课堂教学中的所思所行总结归纳，形成科研成果。在教研组组长冯营营老师的带领下，第六十四中学英语教研组开展了"基于思维品质的问题链设计在初中英语分级阅读中的行动研究"。在"学—思—行"的循环中，英语教研组全体教师不断提升教学设计能力，精进教学技能，加强课题研究，不断收获专业成长的喜悦。

4. 结语

英语质量提升项目的价值绝不仅仅在于一场讲座、一次评课，抑或一次访谈，它的价值在于带给我们追求成长的意愿，为我们指明成长的方向、提供成长的支架。在参与项目的过程中，我深深感受到 POA 教学理论指导下的英语读写结合教学具有明显优势：第一，POA 以目标为导向，让学生更有目的地进行学习，有着很强的学习驱动力；第二，教师根据学生的不同需求，给他们提供相应的脚手架，这种选择性学习有助于提高学生学习效率，还能帮助学生顺利地完成产出任务；第三，师生合作评价的评价方式可以真正地实现以评促学、以评为学。POA 教学理论对英语读写教学有着积极的影响，但仍然需要我们进行更深入的研究。路虽远，行则将至。让我们学习不止，行动不止。

二、教研员总结

借力提升　专业成长再出发

郑州市中原区教研室陈桂杰

英语学科教学改进项目组依据义务教育质量监测数据反映的问题——英语学科中学生成绩呈现两极分化趋势，学生语用能力有待加强和部分学生英语学习兴趣不高等，进行顶层设计：以阅读素养为主要抓手，培养学生的阅读情感、阅读能力和思维品质；帮助英语教师了解相应的教学方法，基于学科核心素养的培养，提升学生的读写能力。两年来，在前期顶层设计的统领下，项目组以问题为导向，通过现场听课评课、讲座和工作坊培训等方式扎实推进教学改进项目。

随着项目的推进，英语持续默读像种子一样开始在各个学校落地生根。郑州市中原区各学校开始重视英语课外阅读，在固定时间、固定地点让学生进行英语课外阅读，以学校的力量进行推动，效果显著。

在行动研究的过程中，项目组不断调整策略。经过近两年的项目实施，区域一线英语教师更新了教学观念，改善了教学方式。作为一直参与其中的教研员，我自身也有很多收获和成长。

1. 理论方面

两年来，我通过聆听专家每一次聚焦主题的讲座，渐渐明白如何在教学设计时落实英语学习活动观；跟随专家走进英语课堂，听专家剖析每一个课例，分析核心素养在英语课堂落地的路径；伴随英语教师精心打磨每一节展示课，探究如何在课堂实现"教—学—评"一体化，如何实现教学目标、教学实施、教学评价的一致性。我对英语阅读教学有了更深的认识，对如何提升学生的英语阅读兴趣和核心素养、如何使核心素养在英语阅读课堂落地，有了一定的思考和收获。在专家的指导下，我在理论方面有所提升和突破。

（1）省级课题顺利结题

我主持的"初中英语阅读课有效教学实践研究"省级课题顺利结题，通过研究，团队在以下方面实现了突破。

① 开发基于"教—学—评"一体化理念的英语阅读课堂观察量表

在项目推进的过程中，对于英语阅读课，我们依据"目标—教学—评价"一体化原则设计教学目标、教学活动和评价任务，在理论研讨和个案追踪的基础上构建"教—学—评"一体化课堂教学运作体系，将目标、教学、评价纳入一个完整的教学系统之中。我们引导教师基于课标、教材、学情，定好一节课的目标，教学可以少走弯路，有方向；根据目标和学习过程来设计考查的内容，可以反馈精练，有评价。从建构主义学习观出发，我们关注教师对学生的评价方式和评价效果。为了观察教师制订学习目标的准确性、适切性、层次性和可操作性，团队开发了课堂观察量表。课堂上，英语阅读工作坊成员认真记录听课数据，课后结合课堂观察量表，针对记录结果，从学生学习的证据入手，反推阅读教学策略设计存在的问题。用证据说话，步步据理分析，督促教师在课堂上不要进行满堂灌，要适时加入评价任务，根据学生的反馈信息，适时调控课堂教学。表 10-1 是学习目标制订观察量表，为团队开发的课堂观察量表之一。

表 10-1　学习目标制订观察量表

学习目标制订观察量表								
授课教师：_____ 课题：_____ 观察人：_____ 日期：_____								
目标	准确性			明确性		目标制订的依据		
	核心知识	认知动词	关键能力	可操作	可衡量	课程标准	教材分析	学情分析
目标 1 （学习理解）								
目标 2 （实践应用）								
目标 3 （迁移创新）								
建议： 修改后的目标：								

②探索出概念图运用于英语阅读教学的教学流程

概念图的种类有很多，常见的有树形图、鱼骨图、时间轴、结构图、循环图等。为了让学生对英语阅读语篇有一个整体感知，更好地把握文章的整体结构，解决"只见树木不见森林"的问题，培养学生的思维品质，我们把概念图作为一种有效的阅读教学策略。首先，用概念图导入文本，激活背景；其次，利用概念图帮助学生分析文章结构、厘清文本脉络，使文章结构系统化、条理化、可视化，使得文章脉络更加清晰、层次更加明确；最后，在学生形成文章结构网络的基础上进行迁移，帮助学生依托支架，构思写作框架，把握写作逻辑。形成概念图运用于英语阅读教学的教学流程如图 10-1 所示。

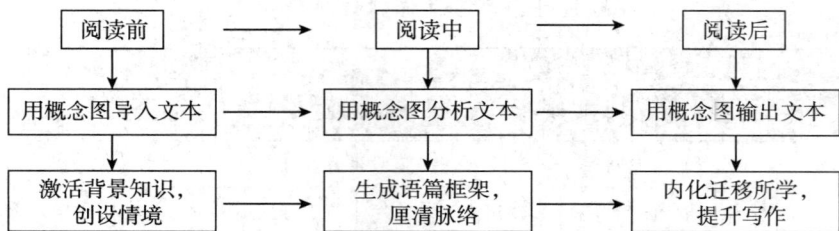

图 10-1 概念图运用于英语阅读教学的教学流程图

③探索出阅读圈在初中英语阅读教学中的实施路径

阅读圈是以学生为主导，以小组为单位进行阅读分享和讨论的活动。阅读圈的角色既可按照 Bookworms Club 提供的六个阅读圈角色分工，也可根据阅读角色的设置需要，根据阅读文本体裁的不同进行增减和改变。我们对于阅读圈的教学比较陌生，通过专家一次次的讲座、课例指导，我们尝试把阅读圈运用于英语阅读教学，展示出来的课例让教师耳目一新。经过尝试，团队初步探索出阅读圈在初中英语阅读教学中的实施路径(见图 10-2)：整体教学，学生预测自读—阅读小组确定角色—组内各成员自读—合作讨论—按任务单要求完成各自角色任务—小组全班汇报展示—学生自评、互评，师评—完善任务单，填写阅读记录单。在此期间，学生要通过分析文本，选择自己喜欢的角色，然后自主阅读、深入思考，初步完成任务单；再通过组内各成员的交流分享，记录并完善自己的任务；最终组织语言，向全班展示。阅读圈中的角色涉及多种阅读策略的运用，如提问、概括、联系生活实际、推理、分析、评价等。阅读圈教学鼓励学生快乐阅读，培养学生批判性思维，让学生与文本进行互动，能有效提升学生交流和分享的能力，有效培养学生的英语核心素养。

整体教学、预测自读　组内各成员自读　完成各自角色任务　多元评价

确定角色　合作讨论　汇报展示

完成任务单

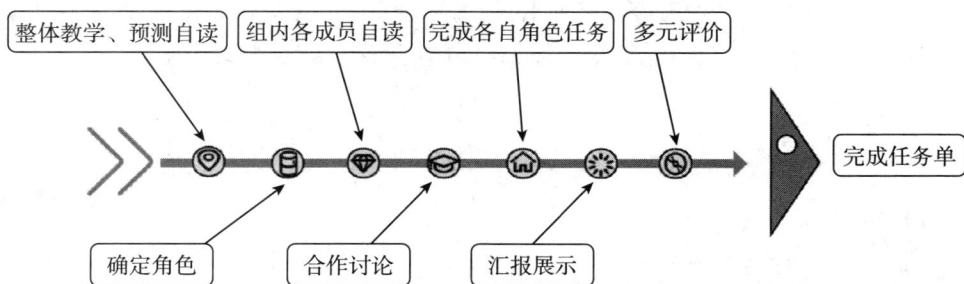

图 10-2　阅读圈在初中英语阅读教学中的实施路径

（2）英语阅读教学设计能力得以提升

在项目实施的过程中，通过对教师磨课、上课的一次次指导，我自己对于英语学习活动观的认识也一步步加深。对于英语阅读语篇的解读不再停留在对文本的浅层解读层面，也会引导教师深入文本、超越文本。我明白了在英语课堂上，教师要在学生学习理解的基础上，尝试引领他们结合生活进行实践应用，继而进行迁移创新。我的理念不断发展：从教英语到教学生英语，再到用英语教学生做人，学科育人。在教育部基础教育精品课征集活动中，我区英语教师积极参与，多名教师荣获郑州市、河南省一等奖。我自己也参与其中，我设计的英语阅读课例，人教版《义务教育教科书 英语 八年级下册》Unit 10 Section B 2a－2b Hometown feelings入选部级基础教育精品课。在此课例中，我尝试用英语学习活动观来设计课程内容：我先让学生利用概念图对文本进行充分理解；然后，让学生结合生活畅谈家乡发生的变化和感受；最后，引导学生探究、思考我们所有中国人的家乡——中国正在发生的巨大变化及背后的原因，引导学生爱自己的家乡、爱我们的国家，涵养家国情怀，让立德树人落到实处，实现了学科育人。

（3）论文写作能力得以提升

项目实施的第二年，项目组不仅关注阅读输入，更关注阅读输出，带领中原区的英语教师进行了读写结合方面的探索。在探索的过程中，教师对于如何利用读写结合的方式进行英语写作教学感到困难重重。为了给予教师直接的指导，我们参照支架理论下的教学流程"搭建脚手架—进入情境—独立探索—协作学习—

效果评价",进行读写课先读后写的教学实践,探索出支架理论下的初中英语读写结合教学流程:"搭建支架—深入阅读—小组合作—独立写作—多元评价"五步流程(见图 10-3)。

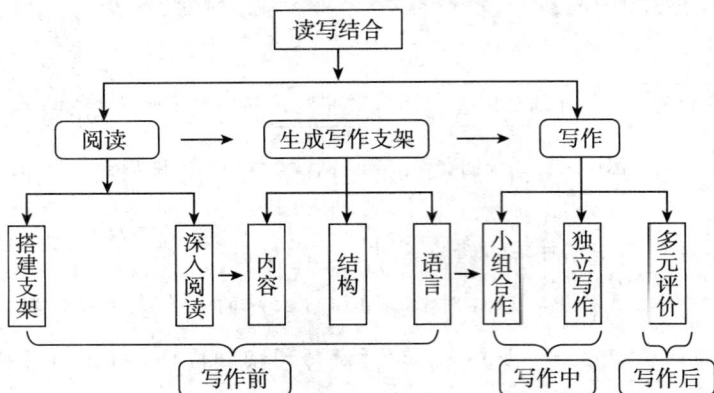

图 10-3　支架理论下的初中英语读写结合教学流程图

基于项目的实践和自己的思考,在项目组首席专家罗少茜教授的鼓励和指导下,我尝试归纳梳理英语读写结合的实践路径,进行了论文创作,虽然写作的过程充满了挑战,但是在项目组各位专家的鼓励和帮助下,最终完成论文《支架理论下初中英语读写结合教学实践》,并发表在了《中小学外语教学》核心期刊上。创作的过程是一个提炼的过程,是一个自己理念得以升华的过程,也是一个自我不断提升的过程。

2. 实践方面

(1)科研的路径和方法

在项目推进的过程中,项目组以问题为导向进行的行动研究让我认识了什么是真研究,什么是严谨的治学精神。

项目组把问题导向的理念贯彻到底,对于师生的访谈一直贯穿始终。问卷调查在项目实施前、项目进行中、项目快结束时进行,共进行了三次。针对学生的英语学习水平设置跟踪测试,有前测、中测、后测。项目组收集每一次访谈和调查的结果,分析资料,提炼出下一次要解决的问题,然后再以问题为导向,寻找对策，不断调整策略，真正做到了以师为本、以生为本。针对教师在课堂上遇到的问题和困惑，项目组通过讲座和课例指导，采取一系列行动进行改善，把行动和研究联系起来，着眼于解决实际的教学问题，进行真正意义的行动研究——运用研究改善教学。

亲历项目推进的过程让我领悟到了科研的路径和方法：以问题为导向，认真收集每次访谈、测试数据，根据数据分析，进行有针对性的行动研究，在行动研究的过程中，不断归纳梳理，及时调整策略，实现螺旋上升。

我也尝试把这种科研方法和路径运用到自己的课题研究中，以后我们也会把这种科研精神、路径和方法传播给更多的教师。

（2）区域引领的路径

通过本次项目的实施，对于作为教研员如何引领区域学科发展和学科建设，我有了更多的思考。如果只停留在日常听课、下校调研，工作都是点状的，点评一节课可能对某个教师有启发，但是对于区域整体教师的提升帮助不大。如果想整体提升区域教师的教育理念，推动教师的专业成长，就需要做好顶层规划，以下是我思考的一些要点。

梳理问题：通过问卷、访谈，找到教师亟须解决的问题，把重点、难点问题变成我们教研的主题。

项目驱动：把要解决的问题变成要推动的项目，聚焦主题，以项目来驱动教研的落实。

顶层设计：聚焦项目主题，进行实施路径的顶层设计，从达成目标、过程策略、阶段反馈等方面进行上位的思考与设计。

三级联动：教研室、学校、备课组实现三级联动，使教研员、教研组组长、备课组组长、教师等多元主体协同进行项目推进。

行动研究：按照"集中理论学习—课例研究实践—区域展示交流—阶段总结提炼"的路径进行行动研究。关键教师作为"种子"教师进行新理念的"点"的尝试，通过同课异构进行区域内"面"的引领。从理论引领开始，经过课例实践研讨，发现问题，优化策略，最后对理论再提炼，不断螺旋上升。

评价驱动：针对参与的教师进行阶段性的评价，以促进教师参与的主动性。

校本教研：引领学校教研组组长、备课组组长进行常态化推进和研究，使学校的校本教研与区域教研纵向贯通，打通区域教研与学校教研的"最后一公里"，使区域教研与校本教研进行深度融合，实现真正意义上的教学研究共同体。

总之，通过此次项目实践，我的工作有了思路和抓手；随着项目的推进，我再次找到了专业成长的契机。感谢北师大中国基础教育质量监测协同创新中心、郑州市教育局、郑州市教研室搭建的平台，感谢一路走来的市、区、校领导与教育同人的支持与助力，感谢专家团队的引领和指导，以后我会继续踔厉奋发，砥砺前行，做好区域引领工作。

三、教学改进目标的达成情况

从李宁老师的磨课心得可以看出，教师对语篇分析方法、阅读教学中思维品质的培养方法都有了深刻理解，且能够设计相应的学习活动来达成学习目标，实现对主题意义的探究。在磨课的初始阶段，教师基于文本设计教学，教学环节包括"读前预测—速读—生词学习—分段细读回答问题—复述文章—升华主题"，其潜在的教学假设是：能回答细节问题表示学生理解文章，能复述文章大意证明学生掌握语言和内容，教课文就是教阅读。最后的升华主题环节则是教师自问自答式教学，学生很少参与主题意义的探究。经过多轮磨课，教师逐渐改变了以往习惯，将分析文章结构、总结段落大意这一活动融入意义探究活动中，并在每一个环节都留给学生足够的思考空间，引导学生推测作者隐藏的情感态度，将文本内容与自身经验、社会情境相联系。例如，引导学生想象如果自己接受采访会如何描述家乡变化，将课文中人物的经历放在社会发展背景中，对文本的意义进行充分探究，发展思维品质。从磨课的过程来看，教学改进的目标在李宁老师的课上达成了：教师掌握了语篇分析的方法，抓住了意义主线，以不同层次的思维活动来探究意义；目标实现的路径为"问题诊断—理论讲座—个人（学科组）实践—（指导下的）反复尝试—改进发生"，教师和样本学校教师团队"做中学"，项目组持续提供理论支持和实践指导，帮助改进发生。

刘锦老师在 POA 读写结合教学改进中的成长表明除了掌握阅读教学方法、语篇分析方法和思维品质培养方法外，关键教师在培养学生学习能力、实现"教—学—评"一体化的能力上也有了进步。POA 是阅读教学的一种取向，与第一学年改进中涉及的多种阅读教学方法的最大区别是：以产出为导向，阅读和阅读教学目的性更强，且预设了迁移创新环节。通过学习"教—学—评"一体化、读写结合教学策略等多次讲座，教师先小组合作，再以个人为单位进行教学设计。实践过程中的问题表现为：读写课有支架，但是没有落到实处；教师讲解很多，学生展示的不多，没有强调语言知识的学习；理论领悟不透彻，机械照搬；达成教学目标的活动设计太多，对目标达成的聚焦性不够。经过多次理论讲解、课例解析和教学实践后，教师在读写结合教学上取得了进步：深入挖掘语篇，提炼为写作服务的内容和语言支架，设计活动使学生在使用中掌握语言；重视交际场景，在真实的、密切相关的场景中进行语言学习活动；突出评价的作用，以小组和个人评价促进写作和学习。

李宁和刘锦老师的案例集中代表了关键教师教学改进的效果，而对于改进模型中的固定参与教师（30 人）和辐射影响教师（N），项目组采取多种方式促进教师参与。除了第五章展示的工作坊，项目组还举行了英语阅读教学设计比赛，学校教研组先集体备课，再派教师代表进行展示。多名来自不同学校的非关键教师积极参与，自信地展示教研组的集体教研成果；项目组现场评课，给出建议，并评出奖项，进行鼓励。改进活动激发了教师的学习热情和创新思维。在教师访谈中，一位教师表示"我现在特别喜欢备阅读课，每天都要用几小时备课，其实这些课我都上过了几轮，但我就想用学到的理论重新再上一遍"。另外，每次对相关教师访谈后，与其说项目组了解了教师的困惑和问题，不如说项目组更加明确了改进的方向，在正面的反馈中对教学改进的途径和效果有了新的认识，这是预期之外的效果。

磨课心得主要展示了教师的教学改进过程，而肖茜和张李娜老师的阶段总结全面展示了项目中学生和教师的成长。首先是培养学生的阅读兴趣和习惯。肖茜老师的总结说明了学生在持续默读中找到了阅读兴趣，阅读给了学生交流表达的机会与意愿，很多上课不举手回答问题的学生也开始敢于尝试，愿意张口表达；张李娜老师的学生开始在写作的基础上分享自己的观点。其次是培养学生的自主学习能力。阅读圈将学习的自主权交还给学生，使每个学生都能找到存在感，教师也开始认识到教学中及时"放手"的重要性。教师发现自己"放手"后学生也能学得很好，这对于原来满堂灌的状况是一个明显的改变。在 POA 读写结合教学中，学生的写作积极性被极大调动起来，从尝试写作发现问题，到积极阅读解决问题，写作不再是简单的背诵和模仿。在有意义的情境口，写作真正成为学生表达自我的方式，写作课成为学生展示、交流、欣赏、学习的场所。从阅读到写作，学生获得了越来越多的自主权，伴随而来的就是学习兴趣和学习成就的提高。肖茜老师任教班级的进步非常明显，八年级第一次考试还是年级中游第 6 名（共 10个班），11 月时就成为第 1 名，且这一成绩一直保持到九年级，学生确实成为教学改进的最终受益者。最后是教研组的集体成长，这可能是比关键教师的进步更可喜的变化，学科教研能力的提升才能保证学科教学能力的不断进步，从而惠及广大学生。

项目组在第一学年对两所样本学校的教研情况进行了实地观察，并参加了教研活动，对第十九中学理论学习和集体备课的做法给予肯定，即每周分享学术论文后再进行集体备课。同时，项目组也发现教研活动的突出问题是理论学习不聚焦，集体备课的效率不高，缺少能在理论和实践上指导教研的教师。在两年的教学改进过程中，项目组提供了十多个读写教学改进主题，帮助教师深入了解教学改进主题的理论和实践，使教研活动的质量和效率大大提高。教学改进结束后，教研组明确了教研的重点，将《义教课标》中的要求与建议和教研活动密切结合，坚持理论指导下的教学研究。两位关键教师总结的样本学校教研变化在一定程度上可以代表区域初中英语教研的变化。总之，从教师总结来看，教学改进达到了预期目标，提高了教师教学能力，促进了学生的英语学习，并转变了学校的教研方式。

教研员是区域教学的引领者，很大程度上决定着区域教学教研的高度。在教学改进项目进行过程中，区教研员陈桂杰老师自始至终参与，高效协调改进工作，给项目组留下了深刻印象。她在改进项目中的收获说明了教学改进的另一条路径，即"外部改进—教研员根据区域特点协调改进—教师改进"，项目组通过讲座和交流将改进的理念和做法传递给教研员，教研员更新知识，以适合区域情况的方式落实教学改进措施，从而助力教师成长。这一路径比项目组对教师的直接影响更具可持续性，更适合区域情况，影响范围更广。教研员带领的教学团队借助区域教学改进项目，形成了一系列的代表成果，说明区域教学教研能力借助项目的实施获得发展，同时为区域教学改进提供保障。

【本章小结】

本章从关键教师和教研员视角展示了教学改进的效果，并结合教学改进的整体目标评估了教学改进项目的达标情况。基于改进模型，通过工作坊、教学比赛、公开听评课和课例打磨等多种方式，教学改进项目达到了预期效果，教师的教学观念和方法都有明显进步，学校和区域教研能力稳步提升，学生也明显受益。

第十一章　教学改进的影响因素分析

【本章提要】

　　前十章展示了如何确定教学改进目标，如何基于改进模型实施教学改进，以实现预定目标。从教师反馈来看，教学改进取得了理想效果，项目组以问题为导向，关键教师和样本学校切实参与，区教研室、学校、教师和学生都对教学改进项目给出了积极评价。本章着眼于项目实施两年来的进程，从整体上分析是哪些因素促成了教学改进项目的成功。

一、作为前提的教师培训需求分析

　　大量研究表明，教师培训有效性受多重复杂的因素影响，其中，对教师培训需求的分析是重要因素之一。培训需求分析是培训各环节中的关键，是培训方案制订的基础和依据。① 要想使培训目标更加具体和有针对性，以参训者的需求为中心，就需要在培训开展之前充分了解参训者的需求，注重参训者的实际需求与问题。② 本次郑州市义务教育质量提升项目，基于"教育质量健康体检"项目成果，在充分挖掘教学改进线索的基础上，结合郑州市改进需求，制订实施方案，明确学校和教师是教学改进的主体，充分发挥学校校长和教师的主观能动性，使得学校校长和教师充分参与其中。因此，项目工作方案需发挥区域教育部门的组织协调功能，充分动员项目学校的主动性和积极性，开展校本教研，并结合区域教研，促进研修的深度与广度。

　　项目组通过对郑州市教育质量监测数据的分析发现：英语学科中学生学业水平两极分化问题较为严重；学校之间差异明显；学生在听读方面整体表现较好，

----

① 赵德成，梁永正，朱玉玲. 教师培训需求分析研究的回顾与思考[J]. 教育科学，2010，26(5)：64-68.

② 鱼霞，毛亚庆. 论有效的教师培训[J]. 教师教育研究，2004(1)：14-19.

语言综合运用能力有待提高，写作中词汇语法方面得分尤其不理想；学习兴趣有待提高。基于数据，项目组针对英语两极分化、校际差异、不同能力维度的差异、学习兴趣等一系列问题进行归因分析，直接统一采用以读写素养为主要抓手的对策，并结合不同区域各个指标的差异，进行深层次的归因分析，形成有针对性的改进策略。项目组以读写素养为主要抓手，通过持续默读、阅读圈、分级群文阅读等方式，培养学生的阅读情感、阅读能力和思维品质，帮助当地的教师了解相应的教学方法，并基于学科核心素养的培养，尤其是思维品质的培养，去设计教学，提升学生的读写能力。

除了依托项目组往年监测数据确定教学改进主题，项目组从教学改进伊始，就特别注意掌握最真实的教师需求。项目组在开展正式的改进活动之前，便积累了大量的原始数据。首先，项目组在样本学校中对 4 位关键教师所在班级进行了项目前测，所使用的工具包括英语水平测试、阅读情感态度问卷、思维品质倾向问卷和思维品质能力问卷。该次前测，使项目组掌握了干预前样本学校中关键班级的现状，为项目改进提供了充实的原始数据。其次，项目组成员在样本学校与 4 位关键教师、8 位学生（每班 2 位）进行了座谈，充分了解了学情，发现了教师和学生在平常的英语教学过程中存在的问题，为接下来的改进活动开展提供了第一手资料，也使得后续的改进活动能够切中教师最关心的问题，解决教师在教学过程中存在的困惑。项目组充分考虑教师的现实需求，完善课程方案，始终将满足教师的需求与期望作为第一目标，充分体现了以教师为中心的培训理念。

二、作为组织保障的"大学—区域—学校"三级联动机制

高校与中小学合作模式是指高校为中小学教师培训提供人员、资源和环境方面的支持，中小学教师为高校提供前沿一线的教育信息，使得高校研究专家能够及时了解中小学教育实践现状。二者实现了平等的合作伙伴关系，不再是单纯的高校指导、中小学教师接受学习的培训模式。近年来，这种合作模式的优势不断凸显。

在本次郑州市义务教育质量提升项目中，基于《2020—2021 年郑州市义务

教育质量提升项目可行性分析》报告，结合各学科项目专家组的改进方案，项目组确立了以基于证据的学科教学改进为主线的实施方案。在具体学科教学改进的执行上，郑州市教育局教研室确定了每个学科改进所依托的区域，初中英语学科依托中原区实施改进方案。组织模式主要是点面结合，通过聚焦样本学校的教育质量提升，将教育成果辐射推广至全区、全市。在此基础上，形成了"大学—区域—学校"三级联动的学科改进机制，使改进指导教师与地方教师形成研修共同体。

在此机制的引领下，项目组建立了"2＋4＋N"的改进模型："2"为2所样本学校，"4"为4位关键教师，"N"为辐射的N位普通教师。在后续的磨合中，项目组又将该模型优化为"2＋4＋30＋N"，"30"为项目固定参与教师，来自中原区不同学校，形成教师读写教学研修团队。在这个模型中，4位关键教师直接接受项目组专家的指导，指导专家深入课堂，听课评课，对4位关键教师进行一对一的指导，而4位关键教师同时负责向学校其他教师推广经验，让更多的教师深入了解教学改进内容的内涵与操作方法。当教学改进活动进入第二学年，为了让教师深度参与每次教学改进，在"2＋4＋30＋N"基础上，项目组还随机抽取教师作为临时的关键教师，进行读写教学的设计和展示，项目组进行点评、指导。这样的改变，让每一位教师都积极思考，融入每一轮的改进活动中，能更好地提升教师的主观能动性。为了更好地形成共同学习、互助学习的生态，除理论讲座外，项目组还针对改进主题，在专题讲座后进行实操的工作坊，教师以小组合作的方式，将刚刚学习到的理论知识应用于实践，项目组对教师进行培训并辅以点评，切实地为教师的专业能力提升提供帮助和建议。项目组在改进过程中，通过问卷或一对一访谈的形式来了解教师的困惑。问卷的对象不仅有关键教师，还有非关键教师，这样可以全方位了解郑州市参与教学改进教师的情况。以上的种种措施，都是从机制上保证最大限度地惠及每一位参与教学改进项目的教师，切实让每一位教师有所收获。

三、作为必要条件的教师培训跟踪保障机制

严卫林指出，当前有很多教师培训的培训模式呈现"速成"的特点，具体体现在培训过程中就是"短、平、快"。[①] 仅仅为了能完成培训任务，对教师培训的时间进行大幅度压缩，在更少的时间内完成培训方案中要求的培训内容，培训者采取高强度的方式对参训者进行灌输，使参训者忙于记笔记，而不能很好地去消化培训内容。甚至有些培训者对原定的培训内容进行了缩减，这就导致参训者不能系统掌握培训内容，即使是培训课堂中记住的内容，也可能因为没有课后的持续监督和补充教育而导致遗忘。最终，大部分参训者学不到实质性的内容。

本次郑州市义务教育质量提升项目是一个长期的、系统化的、基于结果的教学改进项目。该项目以学期为单位，共进行了两年的改进活动。项目组每个月均会到现场，开展讲座、工作坊、听评课、教师访谈、学生访谈等相关活动。通过这样的活动，项目组一方面了解教师目前所面临的困惑、疑问，另一方面了解教师的期待和建议。每一次的活动都为下一步教学改进提供了方向。在第二学年的改进活动中，项目组还根据第一学年教学改进的实际，跟踪回访项目成果的运用情况，解决实际的教学问题。本项目的最大亮点是项目组能基于项目推进过程中出现的实际问题，提出解决问题方案，持续推进项目进展，真正做到了预设和生成的统一性。除了线下活动，项目组的专家也通过电话、微信和视频会议等多种形式对教师进行指导。在这样的持续关注下，教师态度很积极，出勤情况良好，关键教师的作业都能按时完成。在教学设计工作坊中，教师都能按照学到的方法进行教学设计和展示，形成了良性循环。

四、作为重要支撑的培训者情感支持

有研究显示，培训者的情感支持对参训者的学习是非常关键的，在教师培训中，培训者的情感支持服务能够提升教师培训的成效。教师培训者应与参训者建

---

① 严卫林. 课改中教师培训的"五大顽症"[J]. 中国教育学刊，2007(4)：52-53.

立友好的关系，彼此之间互相尊重、互相支持，在知识传授的基础上增加更多的有意义的交流与沟通。教师培训者还要提升自身的敏感性，关注所有的参训者，能够及时捕捉到参训者的情绪动向，然后给需要帮助的参训者提供帮助与支持。① 在教师培训的实践中，如果培训者在培训过程中与参训者缺乏有效沟通，就难以建立真正平等的伙伴关系，进而影响到培训质量。要改变这一状况，培训中的人文管理也是不可或缺的重要因素，培训者与参训者之间的心灵沟通十分必要，且往往有事半功倍的效果。教师培训的目的是激发教师的自我发展潜力，为教师"赋能"，而非摧毁教师的既有信心。

在本次教学改进项目中，首先，项目组从最初的设计上就考虑到改进内容最好与当地原本的学年主题教研内容一致，不改变原本的教学任务与计划，也不会新增教师和学生的负担。因此，教师参与活动的积极性很高，愿意在项目组专家的引领下，自行开展教学改进的探索。教师的内驱力很强，对取得良好的改进效果有很好的帮助。其次，在每次改进活动结束后，项目组都会邀请所有的参与教师填写满意度问卷，一方面调研教师对改进活动的满意程度，另一方面了解教师对各环节的评价，了解教师是否存在其他的疑问和需求。学科专家不会固守已经成形的课程计划，而是会根据教师回答情况适时做出调整，充分尊重教师的意愿和诉求，以平等的姿态面对每一位参加培训的教师。再次，样本学校也对参与培训的教师给予了大力的支持。这种支持不仅是物质方面的支持，也包括精神方面的支持。学校能够对教师参加培训持积极鼓励的态度，给教师提供支持，帮助教师平衡好日常教学与课外培训时间。每一次培训时，样本学校的校长和教务处处长都会全程参加，为关键教师提供支持。最后，区教研室和市教研室也对参加改进项目的教师给予政策上的倾斜，为提高教师参加培训的积极性提供了外部助力。

---

① 马李宁. 成人情感学习与情感教育[J]. 教育现代化，2019，6(55)：266-268，277.

【本章小结】

本章从教师培训需求分析、三级联动的学科改进机制、教师培训跟踪保障机制和培训者的情感支持四方面分析了教学改进项目得以顺利推进的原因。这些经验有的是预先设计的，如三级联动的学科改进机制；有的是在项目推进过程中形成的，如教师培训跟踪保障机制；还有的与培训者的个人风格密切相关，如情感支持。这些经由实践检验的成功经验可以为类似的教学改进项目提供借鉴。

附录1　持续默读阅读记录单 a

Date：_____ Name：_____ Time：_____ Reading material：_____

1. Useful words and phrases：

(1)_____   (4)_____

(2)_____   (5)_____

(3)_____   (6)_____

More：_____

_____

2. Excellent sentences：

(1)Original sentences(原句)：_____

_____

Translation(翻译)：_____

_____

(2)Original sentences(原句)：_____

_____

Translation(翻译)：_____

_____

(3)Original sentences(原句)：_____

_____

Translation(翻译)：_____

_____

(4)Original sentences(原句)：_____

Translation(翻译)：_____

More：_____

附录 2　持续默读阅读记录单 b

Reading record			No. _____
Title		Date Time	
New words			
"5W1H" questions（依据具体文章，未必需要涉及所有问题）	When： Where： Who： What： Why： How：		
The sentences I like			
I think…			

附录 3　输入促成补充材料

1. 课例 1 增加输入语篇

A lamp that lit up my childhood

When I look back to the childhood，the first thing that comes into my mind is a lamp. I have had it since I was very young，maybe for at least 10 years. My grandma gave it to me as a gift on my 10th birthday.

When I first saw the lamp，I fell in love with it. One of the main reasons is that it has an elegant style. The lamp is special to me because it always reminds me of my grandma. I think it's a symbol of grandma's love.

The lamp has given me many sweet memories. I remember when I was a little kid，my grandma used to tell me stories in the lamp light. She encouraged me to be a person like the lamp who can give light and warmth to others.

2. 课例 2 增加输入语篇

Passage 1

My favorite bike

My name is George. My favorite thing from childhood is a bike which was given by my father. I have had it since my seventh birthday. It looked so cool that I fell in love with it at the first sight.

I like it so much because it has many exciting objects. For example，it has two lights on the wheels which can shine in five different colors. It is special to me because I learned how to ride a bike with it. I think it's the best gift that I have received.

This bike has given me many memories. I remember when leaves turn yellow，I rode it for fun with my friends. I really enjoyed feeling soft wind blowing and listening to lovely birds singing. What an unforgettable memory that my favorite bike gave me!

Passage 2

My favorite calendar

Looking back at my sweet childhood，I think the hand-made calendar is without doubt my favorite thing. My best friend Jane gave it to me as a gift when I was 12. I will never forget how excited I was when I got it.

I like it so much due to the fact that it is a memory of the wonderful time that I spent with my best friend in junior high school. So I will keep this gift forever.

I have had so many memories about the calendar. Every time I had problems in studying，the photos on the calendar and the words written by Jane encouraged me to try my best to overcome difficulties. Whenever I look at the calendar，I am touched by something warm，and my heart is filled with love. It reminds me that I will cherish(珍惜) the friendship between us forever.

后　记

　　为期两年的教学改进告一段落，这对郑州市英语教师和项目组来说都是一次难忘的经历。这是一次量身定制的英语教学改进：改进前，项目组深入分析测评数据，基于学理进行仔细论证与精心设计；改进中，项目组科学系统地收集数据，基于反馈进行相应调整。项目组中有高校首席专家进行顶层设计，也有高校研究人员、省市级教研员、中学骨干教师与郑州市教师共享教学智慧。这是一次及时的教学改进，改进主题紧扣核心素养，帮助教师切实掌握落实核心素养的教学方案。这是一次近距离的教学改进，我们把十多次围绕读写素养的主题讲座带到了教师中间，观摩教研活动和常态课，与教师和学生座谈，解答教师在教学中的困惑。这是一次"去形式化"的教学改进，我们坚持用课例说话，认真研究初中英语教材，对八年级教材中几乎所有内容都给出了课例展示，让教师相信改进主题能够在初中英语教学中落地。这是一次有温度的教学改进，我们多次进入学校开展活动，与校领导、教研组、教师和学生展开交流，逐渐了解学校的校园文化。教师和学生给出的积极反馈也给了我们更多的信心和热情。可以说，我们与改进教师和学生互相激励前行。

　　本次大学、区域和学校携手进行的教学改进为教师培训工作提供了可行思路。以往教学改进多由区域发起，教研员领衔，此次教学改进加入了大学和研究机构，教学改进的科学性和系统性得以加强。改进设计从实证出发，确保改进措施符合教师需求，从不同理论视角创造性地回应《义教课标》中的教学建议；区域层面带着问题积极投入改进工作，将教学改进措施转化为区域教学优势；学校给予教学改进充分支持，教师和教研组积极参与，从而把握学科教学发展的契机。大学、区域、学校三方都发挥自身优势，保证教学改进圆满完成。

　　由于内容所限，本书没有覆盖教学改进的所有措施。以主题意义探究为例，该主题与思维品质培养的方式有共通之处，主题意义探究由不同层次的思维活动实现，读者可以通过阅读相关章节来了解实施途径。另外，该主题在多个章节（如第八章）的教学设计中都有体现，在第十章李宁老师的磨课反思中也有说明，因此，不设单独一章来说明。

另外，教学改进的效果在书中还没有尽数列出。例如，第一学年改进结束后，我们对关键教师进行了持续观察，发现在没有直接指导的情况下，教师的课堂教学仍然贯穿了改进主题，与改进之初相比发生了质的变化。他们的教学设计多次作为范本在第二学年教学改进中供其他教师观摩学习，这些关键教师真正发挥了示范和带动作用。而且，关键教师还在教学竞赛中取得了好成绩，刘锦老师的课例在"基础教育精品课"评比中获得了河南省一等奖，并入选了2022年教育部"基础教育精品课"，我们为教师的进步感到由衷高兴。从学校表现来看，郑州市第十九中学的英语学科成为学校的优势学科，在全区的排名仅次于外国语学校。这些进步都证明了指向读写素养的教学改进的效果。

教学改进虽然只持续了两年，但我们希望持续默读、阅读圈、思维品质培养、"教—学—评"一体化和其他读写结合的方法与理念能在郑州市英语教学中持续发展下去。通过这些打开的窗户，希望教师能看得更远，在繁重的教学工作中多思考、多尝试，成为自己教学改进的发起者、设计者、实施者和评价者。若能如此，当是此次教学改进项目的最大成果。

编　者